Erfolgsgeheimnis Teambildung

FALKEN & PITMAN MANAGEMENT

Ros Jay

Erfolgs- geheimnis Teambildung

Ein Team bilden
Die Motivation steigern
Arbeitserfolge sichern

Übersetzung:
Christa Fournillier (Bad Homburg)

Fachliche Beratung:
Prof. Dr. Franz Giesel (Wiesbaden)

Inhalt

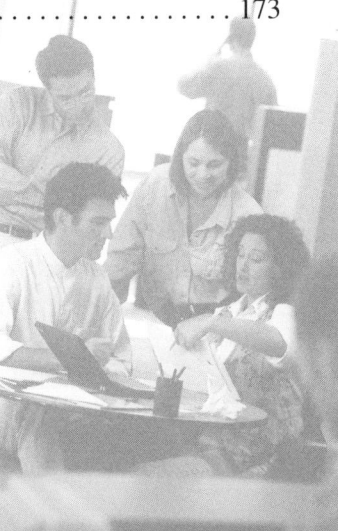

Danksagung

Mein besonderer Dank gilt Herrn Dr. Meredith Belbin für die Unterstützung bei dem Kapitel 2, das seine Studien über die Teamrollen referiert. Allen an seinem Teamrollen-Konzept Interessierten kann ich Dr. Meredith Belbins Veröffentlichungen "Management Teams: Why They Succeed or Fail" und "Team Roles At Work", beide erschienen bei Butterworth-Heinemann, wärmstens empfehlen.[1]

Von überragenden Herrschern
weiß ein Volk nur, dass es sie gibt.
Seine besten Herrscher liebt und rühmt das Volk.
Sehr gute Herrscher fürchtet das Volk,
gute beschimpft es.

Wenn Herrscher nicht das Vertrauen des Volkes gewinnen,
glauben die Menschen nicht an sie
und die Herrscher müssen ihr Volk durch Eide binden!

Auch wenn die besten Herrscher ihr Ziel erreichen
und ihr Werk vollendet haben,
dann sagen die Leute nur
„Das haben wir doch aus eigenen Kräften erreicht."

Lao-Tse (6. Jahrhundert v. Chr.)

1 Die erste dieser beiden Studien liegt inzwischen auf Deutsch vor: Managementteams: Erfolg und Misserfolg. Wörrstadt: Bergander, Team- und Führungsentwicklung, 1996.

Einführung

- **Haben Sie sich nicht auch schon einmal gewünscht, immer**
- **bestens organisiert, sprühend vor Ideen, ein perfekter Diplomat,**
- **eine Führernatur, ein brillanter Analytiker, ein Vollblutwissen-**
- **schaftler und ein extrovertiertes Verkaufstalent zu sein – mit**
- **einem Auge fürs Detail, aber auch mit Überblick? Das ist in der**
- **Tat ein bisschen viel verlangt. Einige dieser Qualitäten schließen**
- **sich praktisch sogar gegenseitig aus. Und genau deswegen ist**
- **Teamarbeit so wertvoll. Wenn es gelingt all diese Eigenschaften**
- **innerhalb eines Teams zu vereinen, dann ist es gar nicht**
- **notwendig, dass jeder Einzelne über die ganze Palette von**
- **Qualitäten und Fähigkeiten verfügt.**

Eine der wichtigsten Eigenschaften eines erfolgreichen Managers ist deshalb die Fähigkeit die richtigen Mitarbeiter auszuwählen. Alles wird wesentlich einfacher, wenn man um sich herum eine Mannschaft schart, deren Fähigkeiten und Charaktereigenschaften sich perfekt ergänzen. Das erste Kapitel dieses Buches gibt Tipps, wie dies am besten gelingt.

Sobald Sie Ihre Mitarbeiter rekrutiert haben, gilt es, sie zu einem gut funktionierenden Team zusammenzuschweißen. Es ist schwer zu sagen, worin eigentlich der Unterschied liegt zwischen einem wirklichen *Team* und einer Gruppe von Mitarbeitern, die in derselben Abteilung oder an demselben Projekt arbeiten. Die Definition eines Teams ist äußerst komplex; sie hat in der Hauptsache etwas mit der Einstellung der Mitarbeiter zu tun. Sie müssen sich stark mit der Gruppe identifizieren, damit ein erfolgreiches Team zusammenwächst. Und das zu erreichen ist Ihre Aufgabe.

Die vielleicht wichtigste Aufgabe eines Vorgesetzten besteht also darin echten „Teamgeist" zu wecken. Dabei sind ganz besonders menschliche Qualitäten gefragt. In diesem Buch geht es hauptsächlich um diese Fähigkeiten und auch darum, wie man mit bestimmten Charakteren in bestimmten Situationen am besten umgeht, wie und warum diese menschlichen Verhaltensweisen funktionieren.

Lohnt sich dieser Aufwand überhaupt? Ein Team zu bilden ist ja mit viel Planungs- und Vorbereitungsarbeit verbunden. Warum sollten Sie nicht ganz einfach der Vorgesetzte einer Gruppe von Mitarbeitern sein, die zufällig in ein und derselben Abteilung arbeiten? Macht der „Teamgeist" denn einen so großen Unterschied aus? Die Antwort ist ein klares Ja. Hier nur ein paar Beispiele für die Vorteile der Arbeit mit einem Team:

◆ Stimmung und Motivation der Mitarbeiter werden deutlich verbessert
◆ die Personalfluktuation geht zurück
◆ die Produktivität steigt
◆ die Mitarbeiter sind mit sich und ihrer Arbeit zufriedener
◆ Probleme können sehr viel leichter bewältigt werden, wenn alle zusammenarbeiten.

Auch Sie als Vorgesetzter stehen nicht außerhalb des Teams, denn sie sind ein Teil und führen Ihr Team von innen heraus. Deshalb werden Sie selbst auch von den Vorteilen profitieren und jede Produktivitätssteigerung, die auf gute Teamarbeit zurückzuführen ist, wird ein sehr positives Bild auf Sie als den Teamleiter werfen.

Ein Team zu bilden ist gar nicht so kompliziert, wie es vielleicht den Anschein haben mag. Wenn Sie sich erst einmal die grundlegenden Prinzipien eines effektiven und positiven Umgangs mit Menschen zu Eigen gemacht haben, werden Sie bald instinktiv richtig reagieren, wenn Sie in schwierige Situationen geraten oder wenn Sie mit Menschen zu tun haben, die im Umgang nicht ganz leicht sind.

DIE DREI KOMPONENTEN DER TEAMARBEIT

Ein Vorgesetzter, der ein effizientes Team aufbauen möchte, muss drei wichtige Aspekte berücksichtigen. Der Managementexperte John Adair illustriert dies mit einer Grafik.

Die Aufgabe, das Team und die einzelnen Individuen sind die drei Hauptfaktoren, die es zu beachten gilt. Sie stehen in einem Wechselverhältnis zueinander. Deshalb darf kein Faktor vernachlässigt werden, denn daraus folgen automatisch Auswirkungen auf die beiden anderen.

Abb. 1   **Hauptfaktoren bei der Teambildung**

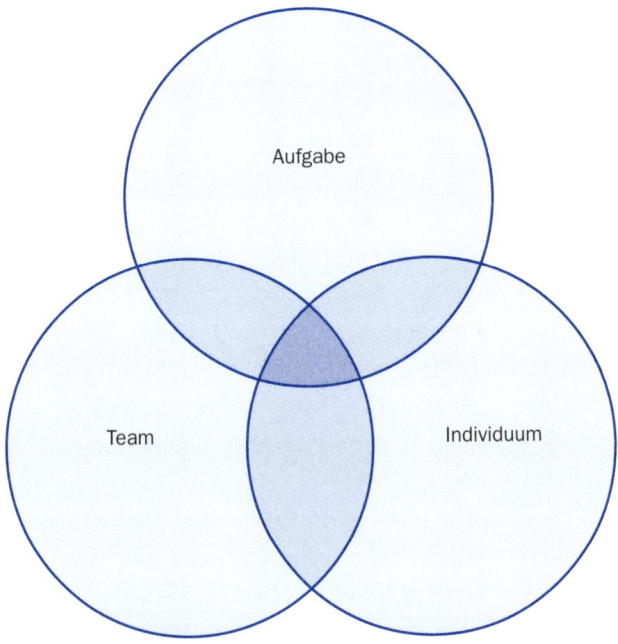

Konzentriert man sich nur auf das Team und die einzelnen Personen, dann erzielt man zwar ein angenehmes Arbeitsklima, aber es bewegt sich nichts. Wenn man sich nur auf die Aufgabe und diejenigen, die daran arbeiten, konzentriert, verliert man das Team als Ganzes aus dem Auge und jeder strebt vielleicht in eine andere Richtung. Vernachlässigt man den Einzelnen, wird die Arbeit zwar gut erledigt, aber die persönliche Zufriedenheit nimmt ab, weil der Mitarbeiter seinen eigenen Beitrag zum Erfolg nicht mehr ausreichend gewürdigt sieht.

In diesem Wechselverhältnis liegt bereits ein Teil der Antwort darauf, was ein Team von einer Arbeitsgruppe unterscheidet. Die Mitglieder eines Teams haben ein gemeinsames Ziel, das genau im Schnittpunkt von Individuum, Team und Aufgabe liegt. Für alle liegt der Erfolg des Teams in der Bewältigung der Projekte und Aufgaben, im Team als Ganzem und in der individuellen Entwicklung des Einzelnen.

HERR ODER DIENER DES TEAMS?

Sehen Sie Ihre Rolle weniger in der des Führers als in der des Dieners. Es ist Ihre Aufgabe, das Team zusammenzuhalten und zu motivieren, während es die Aufgabe der Mitarbeiter ist, die Arbeit zu erledigen. Das Team hält man am besten zusammen, wenn man es nach besten Kräften unterstützt und nicht, wenn man Vorschriften erlässt. Sie müssen sich zum Beispiel danach erkundigen, welche Arbeitsmittel, Informationen und finanziellen Mittel Ihre Mitarbeiter brauchen, um so effizient wie möglich arbeiten und ihre gesteckten Ziele erreichen zu können. Danach ist es Ihre Aufgabe, mit den entsprechenden Vorgesetzten und Abteilungen zu verhandeln, damit optimale Arbeitsbedingungen geschaffen werden.

Hierfür gibt es ein sehr schönes Beispiel in Hermann Hesses Erzählung „Die Morgenlandfahrt". Die Pilgergruppe braucht einen Diener, der für sie kocht, putzt und andere niedere Arbeiten erledigt. Sie besuchen ein Kloster und fragen dort, ob jemand abkömmlich wäre, der sie auf ihrer Reise begleitet. Bruder Leo, ein Mönch, ist dazu bereit, erklärt aber, dass er die Gruppe nur auf einem Stück des Weges begleiten kann und dann umkehren muss.

Bruder Leo kümmert sich um die Reisenden, erledigt alle lästigen Arbeiten und erleichtert ihnen die beschwerliche Reise. Man kommt gut voran bis zu dem Tag, als Bruder Leo heimkehrt. Danach verschlechtert sich die Stimmung und die Gruppe zerfällt, bis die Pilger schließlich ganz aufgeben. Einer der Reisenden wandert noch ein paar Jahre weiter, bis er eines Tages wieder zum Kloster kommt, in dem Bruder Leo wohnte. Dort stellt er fest, dass Bruder Leo keineswegs ein armer Diener geblieben ist. Im Gegenteil: Bruder Leo ist inzwischen der ehrwürdige Abt des Ordens.

Diese Geschichte vermittelt einen Eindruck davon, wie wichtig es ist, dass man seinem Team „dient". Zu viele Manager glauben, es sei ihre Aufgabe zu befehlen und sie fürchten einen Autoritätsverlust, wenn sie keine Anordnungen treffen. Wenn Sie aber erst einmal zum Leiter eines Teams – nicht nur einer Gruppe – geworden sind, wird man Sie sowohl aus dem Team heraus als auch von außen nach der Leistung des gesamten Teams beurteilen. Und wenn Sie ihr Team so unterstützen, dass es optimale Leistungen erbringen kann, dann wird sich dies sowohl auf Ihr persönliches Ansehen als auch auf das Ansehen Ihres Teams sehr positiv auswirken.

*B*EVOR WIR BEGINNEN ...

... gibt es noch etwas ganz Grundlegendes, das Sie über Menschen wissen müssen und das Sie sich ständig vor Augen halten sollten: *Die Persönlichkeit eines Menschen kann man nicht ändern!* Wer das dennoch versucht, ist automatisch zum Scheitern verurteilt. Man kann Menschen jedoch ermutigen, ihr Verhalten zu ändern. Hierzu ein Beispiel aus dem Alltagsleben:

Sind Sie zu Hause ein ordentlicher oder ein eher unordentlicher Mensch? Viele Paare unterscheiden sich in dieser Beziehung. Das führt immer wieder zu Auseinandersetzungen: Der eine denkt, er werde gezwungen in völliger Unordnung zu leben, der andere hält den Partner für viel zu pedantisch. Wenn beide damit etwas gelassener umgehen könnten, würden sie feststellen, dass alles gar nicht so schwierig ist. So aber versucht der eine Partner den anderen zu „ändern". Das führt natürlich zu Unstimmigkeiten.

Es ist ein Faktum, dass wir uns nicht grundlegend ändern können. Könnten wir das so einfach, dann würden wir es ja wahrscheinlich tun, um Streit zu vermeiden.

Sollte man es nicht einmal auf andere Weise versuchen? Gehen Sie also davon aus, dass Sie Ihren Partner nicht ändern können, und versuchen Sie es auch erst gar nicht.

Sie können aber sehr wohl darum bitten, das Verhalten den Umständen anzupassen, wenn Sie Ihrem Partner beispielsweise sagen: „Ich weiß, du bist nicht der Ordentlichste, aber könntest du vielleicht die Handtücher an den Haken zurückhängen?" So wird Ihre Bitte deutlich ausgesprochen und eingegrenzt. Dies hat einen doppelten Effekt:

◆ Ihre eigenen Erwartungen liegen nicht mehr bei hundertprozentiger Ordnung, sondern Sie begnügen sich schon mit 75%.
◆ Ihr Partner bekommt das Gefühl, so akzeptiert zu werden wie er ist und ist dann auch nicht länger verärgert.

Auf dieser Basis kann man Verständnis für einen anderen Menschen aufbringen und zu Kompromissen finden. Bestimmte Aufgaben können z. B. anders verteilt werden. Es macht dem einen nicht so viel aus, auch die Handtücher des anderen wieder mit aufzuhängen, wenn der es wieder einmal vergessen hat, dafür entfernt der andere aber regelmäßig die Haare aus dem Ablauf der Dusche.

11

Aber nun zurück zum Arbeitsleben. Gibt es einen Mitarbeiter in Ihrem Team, der weniger wichtigere Aufgaben gerne vergisst oder übersieht? Das mag daran liegen, dass er vielleicht in größeren Zusammenhängen denkt. Solche Menschen entdecken oft die Lücken in langfristig angelegten Plänen. Es handelt sich also um einen wichtigen Mitarbeiter für ein Team, auch wenn er hin und wieder vergesslich ist. Versuchen Sie erst gar nicht, diesen Mitarbeiter zu ändern. Sie werden ihn und sich selbst nur demotivieren, wenn es nicht gelingt. Sprechen Sie das Problem an, aber versuchen Sie auf keinen Fall die Persönlichkeit des Mitarbeiters zu ändern. Bitten Sie ihn z. B. einfach darum, ein langfristiges Projekt im Auge zu behalten und sich gleichzeitig zu bemühen auch die kleineren Aufgaben einigermaßen im Griff zu behalten.

Die Kunst des Umgangs mit Menschen liegt hauptsächlich darin zu erkennen, welche Stärken und Schwächen sie von Natur aus besitzen. Gelingt dies, dann kann man sich die Stärken zu Nutze machen. Was die Schwächen anbelangt, so muss man zunächst herausfinden, wie es dazu kommt. Liegt es am mangelndem Interesse, an mangelnden Fähigkeiten oder liegen bestimmte Dinge einfach in der Natur eines Mitarbeiters? Ist dies der Fall, hat es gar keinen Sinn, jemanden zu etwas zu zwingen.

Auch in einem engagierten und motivierten Team kann es zu zwischenmenschlichen Konflikten kommen. Konflikte entstehen oft, wenn Persönlichkeiten „umgekrempelt" werden sollen. Sobald niemand mehr krampfhaft versucht, die Persönlichkeit der anderen zu ändern, verschwinden auch diese Unstimmigkeiten ganz von selbst. In diesem Buch geht es darum, wie man diese Grundregel unterschiedlichen Persönlichkeiten in unterschiedlichen Situationen am wirksamsten vermittelt.

Sie verfügen über ein Team von Mitarbeitern mit den richtigen Fähigkeiten und Persönlichkeitsmerkmalen? Es ist Ihnen auch gelungen die Stärken jedes Einzelnen zu fördern und eventuelle Schwächen aufzufangen oder ganz zu vermeiden? Alle sind positiv eingestellt, motiviert und zeigen den richtigen Teamgeist? Jetzt können alle selbstständig mit der Arbeit beginnen. Sie sind am Ziel. Es ist Ihnen gelungen ein Erfolgsteam aufzubauen.

Aber was kommt danach? Sie können sich auf lange Sicht nicht auf Ihren Lorbeeren ausruhen, denn die Arbeitsmoral des Teams wird irgendwann plötzlich nachlassen, gute Mitarbeiter werden sich nach neuen Herausforderungen umsehen und das Team wird sich allmählich in verschiedene Richtungen bewegen. Im letzten Kapitel geht es daher darum, wie man den Teamgeist erhält, die Leistung seines Teams weiter steigert, die Mitarbeiter fördert und so ein noch besseres Team aufbaut.

Teamrollen

WORUM ES GEHT

Jeder Mensch ist anders. Umso erstaunlicher ist es, wie viele gemeinsame Eigenschaften im Arbeitsleben von jedem Einzelnen erwartet werden – ganz unabhängig von unseren persönlichen Stärken und Schwächen soll möglichst jeder gleichermaßen kreativ, diplomatisch, penibel sein. Genau betrachtet ist es natürlich schwer solche Erwartungen zu erfüllen. Bei der Teamarbeit hat das aber keine entscheidende Bedeutung, denn wichtig ist hier, dass ein Team als Ganzes über alle erforderlichen Fähigkeiten verfügt.

Ein Teamleiter muss daher eine Gruppe von Mitarbeitern um sich scharen, die, alle Fähigkeiten im Team zusammengenommen, mehr darstellt als die Summe der Eigenschaften jedes Einzelnen. Dazu muss man die einzelnen Persönlichkeitsprofile richtig erkennen und im Team nutzen. Dr. Meredith Belbin unterscheidet in seinem Teamrollenkonzept zwischen neun verschiedenen Teamrollen, die in diesem Kapitel näher beschrieben werden. Außerdem geht es um folgende Fragen:
Was geschieht, wenn die Zusammensetzung des Teams nicht stimmt?
Wie kann man neun Teamrollen in einem Team aus nur drei oder vier Mitarbeitern „besetzen"?
Wie bringt man ein unausgewogenes Team ins Gleichgewicht?

AUFGABEN UND TEAMROLLEN

Belbin unterscheidet zwischen Funktionen, die mit den Arbeitsaufgaben verknüpft sind, und Teamrollen. Die Funktionen jedes Mitarbeiters werden in der Arbeitsplatzbeschreibung festgeschrieben. Bei Einstellungsgesprächen konzentriert man sich oft zu sehr darauf und entscheidet nur nach Fähigkeiten und Erfahrungen auf fachlichem Gebiet.

Die Rolle, die ein Mitarbeiter im Team übernimmt, ist jedoch mindestens genauso wichtig. Sie hat sehr viel mehr mit der Persönlichkeit und der Erziehung eines Menschen zu tun als mit seinen erworbenen Fähigkeiten, Erfahrungen und mit technischem Wissen. Z. B. gibt es Menschen, die von Natur aus eher nachlässig sind, und andere, besonders pedantische Persönlichkeiten. Abhängig von seinem Typ wird jeder – egal in welchem Team er arbeitet – immer wieder die gleiche Rolle in einem Team einnehmen. Sie wird zwar je nach Zusammensetzung des Teams ein wenig variieren, aber im Prinzip wird sich nicht viel ändern.

Zum Aufbau eines erfolgreichen Teams muss man deshalb zunächst einmal die richtigen Leute zusammenbringen. Wenn Sie die neun von Dr. Belbin beschriebenen Teamrollen kennen und entsprechende Mitarbeiter finden, haben Sie bereits eine gute Basis für ein erfolgreiches Team geschaffen. Dieses Team wird gemeinsam viel mehr erreichen als jeder noch so talentierte Mitarbeiter allein es vermag.

Wenn außerdem jeder die Teamrolle übernimmt, die zu ihm wegen seiner Persönlichkeit und seinen Fähigkeiten am besten passt, wird er auch in dem Bewusstsein arbeiten, einen wertvollen Beitrag zu leisten und dafür anerkannt zu werden. Zudem wird es weniger häufig zu Konflikten innerhalb des Teams kommen, da sich jeder bewusst ist, welchen Beitrag er leistet ohne mit anderen Kollegen konkurrieren zu müssen. All diese Faktoren fördern die Motivation und den Teamgeist wesentlich. In einem starken Team, in dem jeder *seine* Teamrolle ausfüllt, ergibt sich alles andere fast wie von selbst.

DIE NEUN TEAMROLLEN

In der Beschreibung der neun Teamrollen, die Dr. Belbin herausgearbeitet hat, benutzen wir die von ihm entwickelten Rollenbezeichnungen. Mitarbeiter, die ganz exakt in ein bestimmtes Persönlichkeitsbild passen, haben sicherlich auch andere, weniger erwünschte Eigenschaften: Ein wahrer Perfektionist beispielsweise neigt wahrscheinlich dazu, zu viel Zeit für unwichtige Details zu vergeuden. Jede Teamrolle zeigt neben ihren positiven Eigenschaften auch „zulässige Schwächen". Sie sind der Preis für die positiven Eigenschaften und sollten toleriert werden. Am Ende jeder Beschreibung finden Sie kurze Hinweise dazu, worin sich ähnliche Teamrollen voneinander unterscheiden.

■ Der Denker oder Erfinder

Er ist hochintelligent und seine größte Begabung liegt darin, neue Ideen zu entwickeln und komplizierte Probleme zu lösen. Er sät das, was das übrige Team hegt und pflegt, bis alle die Früchte ernten können. Zwar ist der Denker der Quell vieler Ideen, aber auch andere Mitglieder des Teams können und sollen gute Ideen einbringen. Er denkt allerdings radikal, fantasievoll und weitsichtig. Andererseits sind die Denker meist nicht diejenigen, die ihre eigenen Ideen auch gut in die Praxis umsetzen können. Sie verlieren schnell das Interesse daran und da sie sich mehr für die globalen Zusammenhänge als für Details interessieren, können ihnen hier leicht Fehler unterlaufen.

Denker arbeiten am liebsten unabhängig, denn sie sind Individualisten und oft auch sehr unkonventionell. Meistens handelt es sich um introvertierte Charaktere, mit denen die Zusammenarbeit nicht immer leicht fällt. Sie reagieren äußerst sensibel auf Lob und Kritik, verhalten sich den Ideen anderer gegenüber dagegen nicht selten herablassend. Außerdem kommunizieren sie ungern auf einer anderen „Wellenlänge" als ihrer eigenen.

Denker neigen manchmal dazu, zu viel Zeit in fantasievolle Visionen zu investieren, die nichts mehr mit der Praxis und mit den Anforderungen und Zielsetzungen des Teams zu tun haben. Zu viele Denker nebeneinander in einem Team arbeiten eher unproduktiv. Das mag vielleicht erstaunen, aber es entsteht dadurch eine Konkurrenzsituation, in der jeder nur noch für seine eigenen Ideen kämpft und nicht bereit ist die Vorschläge anderer zu akzeptieren.

Das Wichtigste in Kürze

◆ Charakterisierung: individualistisch, ernst und unorthodox.
◆ Positive Eigenschaften: Genialität, Fantasie, Intelligenz, Wissen, löst komplizierte Probleme.
◆ Zulässige Schwächen: Schwebt in den Wolken, ignoriert gerne praktische Details und Vorschriften.

■ Der Organisator oder Wegbereiter (Resource Investigator)

Auch er ist ein kreativer Typ, produziert aber neue Ideen nicht auf die gleiche Weise wie der Denker. Er übernimmt vorwiegend die Denkansätze anderer und entwickelt sie dann weiter.

Dieser Typ ist eher locker, extrovertiert und interessiert und meistens auch bei allen sehr beliebt. Er ist der geborene Diplomat und besitzt großes Geschick im Verhandeln. Die positive und optimistische Natur dieser Menschen kann die Arbeitsmoral und die Motivation des Teams sehr positiv beeinflussen.

Der Organisator orientiert sich nach außen und unterhält eine Menge guter Kontakte über die Mitarbeiter des Teams hinaus. Da er gute Gelegenheiten schnell erkennt, wird er oft unterwegs sein oder telefonieren müssen um herauszufinden, wo die besten Geschäfte zu machen sind. Sein Enthusiasmus wirkt ansteckend auf das Team. Und genau hier liegt auch seine größte Stärke: Er bewahrt das Team vor Stagnation und mangelnder Flexibilität.

Organisatoren brauchen die Inspiration anderer Teammitglieder. Obwohl es meistens sie selbst sind, die die Begeisterung schüren, brauchen sie unbedingt ein positives Feed-back des Teams. Sobald ein Projekt auf den Weg gebracht wurde, wenden sie sich schon wieder anderen Dingen zu.

Das Wichtigste in Kürze

◆ Charakterisierung: extrovertiert, enthusiastisch, interessiert und gesellig.
◆ Positive Eigenschaften: Die Fähigkeit, nützliche Kontakte zu knüpfen und neue Möglichkeiten zu erkunden. Geht große Herausforderungen schwungvoll an.
◆ Zulässige Schwächen: Verliert schnell das Interesse, wenn die erste Faszination vorüber ist. Gelegentlich zu optimistisch und unkritisch.

Unterschiede zwischen Denkern und Organisatoren

Denker und Organisatoren gehören zu den kreativen Team-rollen. Die Unterschiede sind leicht zu erkennen:

- Denker produzieren gute Ideen, während Organisatoren vorwiegend die Ideen anderer kreativ weiterentwickeln.
- Denker arbeiten in der Regel allein, während Organisatoren Anregungen von außen brauchen.
- Denker können besser in einer freilassenden, locker struk-turierten Umgebung arbeiten. Organisatoren arbeiten auch sehr gut unter Druck und in Krisensituationen.
- Denker sind oft introvertierte Einzelgänger, während Organi-satoren meistens locker und gesellig sind.

Beispiel: Ihr Team diskutiert über Kundenbeschwerden. Viele Kunden fanden, dass die Vorgehensweise bei Reparaturfällen viel zu umständlich sei, weil sie dabei mit drei verschiedenen Abteilungen Kontakt aufnehmen müssten. Nun geht es darum, einen anderen Weg zu finden, damit Ihre Kunden bei Reklama-tionen nur einen Ansprechpartner brauchen. Ein Denker wird in diesem Fall sagen: „Gebt mir ein wenig Zeit zum Überlegen, ich werde eine Lösung finden." – „Ich spreche einmal mit den anderen beiden Abteilungen darüber. Wir werden dann schon eine Lösung finden", schlägt ein Organisator vor.

■ Der Koordinator

Ein Koordinator ist ein sehr diszipliniert und kontrollierter Charakter, der von Natur aus sehr zielgerichtet arbeitet. Er hält ein Team zusammen, denn er wird von allen respektiert und sorgt dafür, dass das Team das gemeinsame Ziel nicht aus den Augen verliert.

Ein Koordinator ist absolut zuverlässig und strahlt eine natürliche Autorität aus. Er kann delegieren, gut mit Menschen umgehen und hat die Gabe, indivi-duelle Talente zu erkennen und zum Wohle des gesamten Teams einzusetzen. Deshalb ist er oft derjenige, der die Teamrollen verteilt und auch die Team-leitung übernimmt. Das muss aber nicht unbedingt der Fall sein.

Koordinatoren sind erfahrene und reife Persönlichkeiten, aber nicht unbedingt intelligenter oder kreativer als die anderen Mitarbeiter im Team. Ihre Stärke liegt hauptsächlich darin, besondere Fähigkeiten bei anderen zu erkennen und für das Team zu nutzen. Sie können Menschen mit unterschiedlichen Fähigkeiten zusammenführen, Mitarbeiter auf eine gemeinsame Linie bringen und den Teamgeist stärken.

Das Wichtigste in Kürze

◆ Charakterisierung: ruhig, selbstsicher und kontrolliert.
◆ Positive Eigenschaften: Die Fähigkeit alle Menschen vorurteilslos zu behandeln. Ein deutliches Bewusstsein für Zielsetzungen.
◆ Zulässige Schwächen: nicht außergewöhnlich intellektuell oder kreativ.

Unterschiede zwischen Organisatoren und Koordinatoren

Organisatoren und Koordinatoren können gut mit Menschen umgehen und das Team motivieren. Allerdings tun sie dies auf unterschiedliche Weise:

■ Organisatoren lieben die Herausforderung und den Nervenkitzel und genießen es neue Kontakte zu knüpfen und Ressourcen zu erschließen, während Koordinatoren lieber mit vorhandenen Ressourcen auf das Ziel hinarbeiten.

■ Organisatoren sind mehr nach außen orientiert und suchen nützliche Kontakte außerhalb des Teams, während Koordinatoren sich vorwiegend auf das Team konzentrieren.

Beispiel: Das Team spricht über Maßnahmen zur Verkaufsförderung für ein neues Produkt. Statt der üblichen Kampagne sollen aber einige ausgefallene Präsentationen veranstaltet werden, um die Aufmerksamkeit auf das neue Produkt zu lenken. Ein Organisator ist sofort auf dem Sprung: „Überlasst das mir, ich erkundige mich einmal danach, welche Möglichkeiten es gibt, und melde mich dann wieder." – Der Koordinator dagegen bleibt sitzen. „Hat jemand noch weitere Vorschläge, bevor wir mit der Planung beginnen?"

Der Antreiber *(Shaper)*

Antreiber sind äußerst dynamisch und sprühen vor Energie, sie reagieren impulsiv und sind ungeduldig, oft leicht reizbar und manchmal ein bisschen verrückt. Diese Menschen lieben die Herausforderung und sind sehr erfolgsorientiert. Sie wollen Ergebnisse sehen und treiben andere gerne dazu an. Dabei kann es hin und wieder zu Unstimmigkeiten kommen, aber meistens ist alles auch schnell wieder vergessen.

Die Hauptaufgabe des Antreibers besteht darin, die Arbeit des Teams voranzubringen. Er achtet auf die wichtigen Punkte in Gesprächen, versucht Ideen auf den Punkt zu bringen und macht aus Zielsetzungen und praktischen Überlegungen ein realisierbares Projekt, das er dann ohne Zögern zur Entscheidung und Durchführung bringt.

Antreiber sorgen durch ihren unermüdlichen Ansporn dafür, dass sich etwas bewegt, und sie sind deshalb oft die geborenen Teamleiter. Sie wirken sehr selbstbewusst, obwohl sie oft von Selbstzweifeln geplagt werden und ihre Erfolgserlebnisse brauchen. Auch in belastenden Situationen stehen sie über den Problemen und verfolgen ihren Weg unbeirrt weiter. Außerdem scheuen sie weder Konfrontationen noch unangenehme Entscheidungen.

Das Wichtigste in Kürze

◆ Charakterisierung: nervös, reizbar, dynamisch.
◆ Positive Eigenschaften: Sie besitzen die Energie und zeigen die Bereitschaft gegen Trägheit, Unzulänglichkeiten, Selbstzufriedenheit und Selbstbetrug anzugehen.
◆ Zulässige Schwächen: Leicht reizbar und ungeduldig. Neigt dazu, die Gefühle seiner Mitmenschen zu verletzen.

Unterschiede zwischen Koordinatoren und Antreibern

Koordinatoren und Antreiber sind starke Führernaturen, allerdings auf sehr unterschiedliche Art:

- Koordinatoren arbeiten auf der „sozialen" Ebene, Antreiber geben „Befehle".
- Koordinatoren erkennen die Vorzüge ihrer Mitarbeiter und nutzen deren Talente optimal. Antreiber erwarten, dass man ihnen gehorcht.
- Koordinatoren sind ruhig und entspannt, Antreiber dynamisch mit viel nervöser Energie.
- Koordinatoren betrachten sich selbst als Teil des Teams; Antreiber sehen das Team als Ausführungsorgan.
- Beide Teamrollen zeigen einen so unterschiedlichen Führungsstil, dass Zusammenstöße unvermeidlich sind, wenn sie auf der gleichen Ebene zusammenarbeiten.
- Oft ist es besser, Antreiber unter die Führung eines Koordinators zu stellen, denn sie brauchen viel Anerkennung, die der Koordinator jedem gibt.

Beispiel: Ein Unternehmen hat soeben einen sehr großen und eiligen Auftrag erhalten. Um den Liefertermin für diesen Auftrag – und alle anderen offenen Bestellungen – einzuhalten, muss der Produktionsplan für die nächsten vierzehn Tage völlig überarbeitet werden. Das Produktionsteam opfert mehr als eine Stunde um alle Einzelheiten zu besprechen und die Planung neu vorzunehmen. Am Ende schlägt der Koordinator vor, den gesamten Plan nochmals kurz durchzugehen, damit auch jeder über die Änderungen genau Bescheid weiß. Der Antreiber fiebert aber bereits vor Ungeduld und sagt: „Dafür haben wir keine Zeit mehr. Lasst uns anfangen. Falls es Probleme gibt, können wir die immer noch lösen."

Der Bewerter oder Beobachter
(Monitor Evaluator)

Bewerter sind intelligente, stabile, introvertierte Persönlichkeiten. Sie wirken auf ihre Mitmenschen oft ziemlich trocken und langweilig – manchmal sogar kalt. Ihre Stärke liegt nicht in der Ideenentwicklung, sondern in der klaren und objektiven Analyse der Ideen anderer. Sie wiegen das Für und Wider genau ab, urteilen sehr streng und treffen nur ganz selten eine falsche Entscheidung. Sie sind es meistens, die das Team vor schwerwiegenden Fehlern bewahren.

Bewerter denken objektiv und nehmen sich Zeit für ihre Entscheidungen. Sie kritisieren nie um des Kritisierens willen, sondern weil sie tatsächlich Mängel in der Planung oder Schwächen in einer Argumentation entdecken. Sie zeigen keine Emotionen und keine Begeisterung und sie sind oft nur schwer zu motivieren. Das hat den Vorteil, dass ihr Urteil wirklich objektiv ist und nicht von persönlichen oder egoistischen Motiven beeinflusst wird. Manchmal verhalten sie sich taktlos und können der Arbeitsmoral des Teams dadurch schaden, dass sie ihre Meinung unverblümt äußern. Allerdings sind sie dabei immer fair und unparteiisch.

Es ist wichtig, dass Bewerter immer motiviert und positiv eingestellt sind, denn sonst können sie das Team negativ beeinflussen. Drücken Sie einem Bewerter viele Akten und andere Daten zur Auswertung in die Hand; Sie werden eine perfekte und komplexe Analyse von ihm bekommen. Richtig eingesetzt haben Sie mit einem Bewerter einen überaus wertvollen Mitarbeiter.

Das Wichtigste in Kürze

◆ Charakterisierung: nüchtern, kühl, vorsichtig.
◆ Positive Eigenschaften: sicheres Urteil, Diskretion, Entschlossenheit.
◆ Zulässige Schwächen: kaum begeisterungsfähig, kann andere kaum motivieren, etwas langweilig und kaltschnäuzig.

Unterschiede zwischen Denkern und Bewertern

Beide sind intelligente Grübler, denken aber sehr unterschiedlich:

- Denker produzieren neue Ideen, Bewerter analysieren die Ideen anderer.
- Denker brauchen Inspiration und Intuition, Bewerter denken rein analytisch und treffen niemals Zufallsentscheidungen.
- Denker werden dem Team manchmal unausgegorene Ideen zur Weiterentwicklung vorschlagen, während die Bewerter so lange keine Aussage machen, bis sie alles genauestens analysiert haben und eine umgreifende Einschätzung vorlegen können.
- Denker möchten ihre eigenen Ideen umsetzen, während es Bewertern völlig gleichgültig ist, ob ihre Ideen angenommen werden oder nicht.

Beispiel: Ihnen liegt eine umfangreiche Akte vor mit den Ergebnissen aus einer Untersuchung zur Fehlerhäufigkeit Ihrer Produkte: Die Türscharniere scheinen immer wieder zu versagen. Das Designteam argumentiert, dass dies wegen der ungleichen Belastung eines Seitenscharniers unvermeidlich sei. Sie sprechen mit dem Denker Ihres Teams. Der meint: „Ich hab's. Wie wäre es denn mit einem doppelten Scharnier? Oder vielleicht könnten wir die Scharniere oben statt vorne anbringen?" Danach erklären Sie einem Bewerter die Fragestellung. Seine Antwort wird lauten: „Geben Sie mir die Unterlagen, ich werde sie durcharbeiten und Ihnen sagen, was ich davon halte." Sie erwähnen den Vorschlag des Denkers und der Bewerter antwortet: „Das könnte eine Lösungsmöglichkeit sein. Ich werde auch das berücksichtigen, wenn ich den Bericht durchlese."

Der Teamarbeiter

Ein Teamarbeiter ist ein hilfsbereiter, sensibler und sozial denkender Mensch, der die emotionalen Strömungen im Team genau kennt. Diese Menschen sind gute Zuhörer und Diplomaten, immer loyal gegenüber dem Team, sind sie bei allen beliebt und reagieren gutmütig. Instinktiv reagieren sie positiv auf neue Ideen.

Die Anwesenheit eines Teamarbeiters erleichtert das menschliche Miteinander im Team. Teamarbeiter sind besonders wertvoll, wenn Teammitglieder leicht zu Konflikten neigen. Sie sind neutral und manchmal etwas unentschlossen, aber sie sind sehr wichtig für die Stimmung im Team, besonders in Stress- und Krisensituationen.

Als Teamleiter sind Teamarbeiter beliebt, antiautoritär und aufbauend, obwohl es ihnen manchmal an Dynamik fehlt.

Das Wichtigste in Kürze

◆ Charakterisierung: sozial, gutmütig, sensibel.
◆ Positive Eigenschaften: können auf Menschen und Situationen eingehen und den Teamgeist wecken, gute Diplomaten.
◆ Zulässige Schwächen: in Krisenzeiten etwas unentschlossen, verhalten sich eher angepasst, keine Revolutionäre.

Unterschiede zwischen Koordinator und Teamarbeiter

Koordinatoren und Teamarbeiter fördern Harmonie und Teamgeist auf unterschiedliche Weise:

■ Koordinatoren behandeln alle gleich, während Teamarbeiter die Reibungspunkte zwischen einzelnen Persönlichkeiten erkennen und sie auszugleichen versuchen.
■ Koordinatoren liefern dem Team ein klares Ziel. Teamarbeiter arbeiten bei der Zieldefinition mit und sind froh, wenn das Ziel klar festgelegt wird.
■ Koordinatoren können als Vorgesetzte gut mit schwierigen Mitarbeitern umgehen, Teamarbeiter können gut unter schwierigen Vorgesetzten arbeiten.

Beispiel: Eine wichtige Entscheidung ist zu treffen und es gibt unterschiedliche Meinungen im Team. Im Verlauf der Aussprache wird deutlich, dass niemand bereit ist, seine Meinung zu ändern; eine einstimmige Entscheidung scheint deshalb unmöglich.

Ein Koordinator ruft das Team zusammen und erklärt, dass es keinen Sinn habe ewig weiter zu diskutieren ohne zu einem Entschluss zu kommen. „Die Meinungen sind geteilt, aber wir müssen eine Entscheidung treffen. Da die erste Möglichkeit am erfolgversprechendsten erscheint, werden wir sie umsetzen." Ein Teamarbeiter spricht in einer solchen Situation mit jedem Mitarbeiter und fragt ihn nach seiner Meinung. Sobald der Teamarbeiter dann entschieden hat, welcher Weg eingeschlagen wird, spricht er nochmals mit allen, die anderer Meinung sind, und bittet um ihre Unterstützung.

■ Der Umsetzer *(Implementer)*

Bis jetzt haben wir in unserem Team Menschen, die Ideen produzieren und analysieren, die der Gruppe die Richtung weisen und für einen guten Teamgeist sorgen. Aber wer macht eigentlich die Arbeit? Das tut der Umsetzer. Er ist derjenige mit den organisatorischen Fähigkeiten, dem gesunden Menschenverstand und der Selbstdisziplin und kann Ideen und Entscheidungen in klar definierte Aufgaben umsetzen. Umsetzer arbeiten hart und systematisch, sind loyal und ohne starkes Eigeninteresse. Eine ihrer größten Stärken liegt dabei in ihrer Bereitschaft, alles zu tun, was getan werden muss, ohne Rücksicht darauf, ob dies Spaß macht oder nicht.

Umsetzer sorgen gerne für Ordnung und lieben keine plötzlichen Veränderungen. Sie können sehr gut Pläne, Budgets und Diagramme erstellen und organisieren. Wenn sie auch manchmal ein wenig unflexibel sind und Ideen, die ihrer Meinung nach unwichtig sind, einfach ablehnen, so sind sie dennoch kooperativ, wenn es darum geht, auszugleichen und zu verbessern.

Das Wichtigste in Kürze

◆ Charakterisierung: konservativ, pflichtbewusst, durchschaubar.
◆ Positive Eigenschaften: gutes Organisationstalent, praktischer, gesunder Menschenverstand, tüchtig, selbstdiszipliniert.
◆ Zulässige Schwächen: Mangel an Flexibilität, zögernd bei Neuerungen, mag keine Veränderungen.

■ Der Erfüller oder Perfektionist *(Completer)*

Erfüller sind von Natur aus ängstlich und introvertiert; dabei werden sie manchmal nur als sehr ruhige Menschen eingeschätzt. Sie machen sich Sorgen über alles, was schief gehen könnte, und sind nicht eher zufrieden, bis sie alles bis ins kleinste Detail geklärt haben. Sie sind äußerst gewissenhaft und obwohl sie nicht sehr selbstbewusst sind, vermitteln sie den Kollegen dennoch ein Gefühl der Dringlichkeit und dulden auch bei anderen keine Nachlässigkeiten.

Erfüller delegieren als ordentliche und genaue Menschen selten. Allerdings erfüllen sie auch immer ihre selbst gesetzten Maßstäbe und arbeiten immer termingerecht.

Das Wichtigste in Kürze

◆ Charakterisierung: sehr genau, äußerst gewissenhaft, ängstlich.
◆ Positive Eigenschaften: absolut zuverlässig, Perfektionist.
◆ Zulässige Schwächen: neigt zu unnötiger Aufregung, delegiert ungern, manchmal ein Erbsenzähler.

Unterschiede zwischen Umsetzern und Erfüllern

Umsetzer und Erfüller sind die „Macher" im Team.
■ Umsetzer konzentrieren sich dabei auf Systeme, Pläne und praktische Grundlagen; Erfüller erledigen ihre Aufgaben genau und bis ins Detail.
■ Umsetzer suchen nach der optimalen Methode; Erfüller kümmern sich weniger um die Methode als um die Ergebnisse.

Beispiel: Das Team muss einen Messestand für eine wichtigen Handelsmesse organisieren. Alle wichtigen Entscheidungen zu den Exponaten, zur Gestaltung des Messestandes und zur Liste der Kunden und Interessenten, die eingeladen werden müssen, sind bereits getroffen. Jetzt geht es um die Organisation der Einzelheiten. Der Umsetzer möchte sofort vom Team wissen, wer was wann erledigt, damit jeder von vornherein seine Aufgaben kennt. Der Erfüller sagt: „Wenn ihr die Planung fertig habt, gebt sie mir, damit ich regelmäßig nachprüfen kann, ob wir in der Zeit liegen. Und bitte achtet darauf, dass für jede Aufgabe ein genauer Termin gesetzt wird und dass diese Termine alle kennen, die an der Aufgabe arbeiten."

■ Der Spezialist

Spezialisten widmen sich ausschließlich besonderen Gebieten. Sie interessieren sich ausschließlich für ihr Fachgebiet; hier arbeiten sie mit Enthusiasmus und großer Professionalität. An der Arbeit anderer und an anderen Menschen sind sie als Einzelgänger kaum interessiert. Spezialisten besitzen die Energie, die Opferbereitschaft und die Zielstrebigkeit, tatkräftige Experten auf einem begrenzten Gebiet zu werden.

In Teams, für deren Arbeit sehr viel Fachwissen benötigt wird, sind Spezialisten sehr wichtig. Sie sind in diesen Teams auch als Vorgesetzte geeignet, weil sie in der Lage sind, vor dem Hintergrund ihrer Kenntnisse und reichen Erfahrungen die richtigen Entscheidungen zu treffen und ihre Entscheidungen zu vertreten.

Das Wichtigste in Kürze

◆ Charakterisierung: zielstrebig, eigenbrödlerisch, passioniert.
◆ Positive Eigenschaften: verfügt über wichtige Kenntnisse und Fähigkeiten auf einem sehr speziellen Fachgebiet.
◆ Zulässige Schwächen: sehr fachorientiert, kein Blick für größere Zusammenhänge.

Unterschiede zwischen Erfüller und Spezialist

Erfüller und Spezialisten streben sehr hohe Standards an, allerdings ausgehend von einem unterschiedlichen Standpunkt:

- Erfüller streben in allem, was sie tun, höchste Standards an; Spezialisten interessieren sich nur für ihr Fachgebiet.
- Erfüller haben keine Probleme mit unterschiedlichsten Vorgesetzten und es macht ihnen nichts aus, wenn ihre Arbeit von anderen beaufsichtigt wird. Spezialisten hingegen hassen es für jemanden zu arbeiten, der auf ihrem Spezialgebiet weniger weiß als sie selbst.

Beispiel: Bei einem Terminprojekt haben Sie Bedenken, dass es nicht so vorangeht, wie Sie es sich vorgestellt haben. Sie sprechen mit den Teammitgliedern, um zu hören, wie jeder mit seinen Aufgaben zurechtkommt. Als Sie zum Erfüller kommen und ihn fragen, wie es läuft und ob er noch Unterstützung braucht, antwortet er: „Alles bestens – ich habe die beiden ersten Stadien abgeschlossen und bin mit dem dritten Stadium zur Hälfte fertig. Ich werde bis zum vereinbarten Termin sicher fertig sein. Wollen Sie sich einmal ansehen, woran ich bisher gearbeitet habe?" Danach sprechen Sie mit dem Spezialisten. „Wie kommen Sie voran? Brauchen Sie weitere Unterstützung?" – „Es läuft bestens. Ich brauche keine Hilfe. Wenn ich allein arbeite, geht es mit Sicherheit schneller."

Zur Frage, welche Teamrolle wer am besten ausfüllt, können Sie auch professionellen Rat einholen. Dr. Belbin und sein Unternehmen haben während der vergangenen 20 Jahren verschiedene Tests – psychologische Tests, Tests zur Selbst- und Fremdeinschätzung – dafür entwickelt, die als Computerprogramm erhältlich sind, allerdings nur in englischer Sprache. Auch in Deutschland können entsprechende psychologische Tests bei auf Teambildung und -begleitung spezialisierten Beratungsfirmen durchgeführt werden.

DIE RICHTIGE ZUSAMMENSETZUNG

Es ist natürlich sehr unwahrscheinlich, dass man ein Team mit genau den neun oben genannten Teamrollen zur Verfügung hat. In der Tat lassen sich einige Mitarbeiter keiner der gewünschten Rollen eindeutig zuordnen, während andere die Charakteristika für zwei oder drei Teamrollen zeigen. Deshalb müssen Sie sich die Mitarbeiter näher ansehen. Es gibt für jeden neben der ersten bestimmt auch eine zweite Rolle, die er ausfüllen kann und in der er sich wohl fühlt. Angenommen, Sie haben zwei Denker im Team, aber keinen Koordinator. Die beiden Denker kommen sich sicherlich oft in die Quere. Einer von ihnen eignet sich aber auch als Koordinator. Bitten Sie ihn die Leitung des Teams zu übernehmen und sie haben sofort eine viel bessere Zusammensetzung, Konflikte werden vermieden und zum Team gehört nun auch ein Koordinator.

Wenn zu viele Kollegen mit der gleichen Rolle in einem Team zusammenarbeiten, führt dies unweigerlich zu Schwierigkeiten. Zu viele Antreiber – zwei genügen in jedem Team vollkommen – führen zu Konflikten und Ärger. Andererseits ist es aber auch nicht gut, wenn es zu viele diplomatische und entspannte Teamarbeiter und Umsetzer im Team gibt. Ein solches Team wird möglicherweise nicht sehr viel erreichen, da sich alle darauf konzentrieren, gegenseitiges Einvernehmen bei der Arbeit zu erreichen statt Ergebnisse vorzulegen.

Dr. Belbin hat sechs grundlegende Faktoren für die Zusammensetzung eines erfolgreichen Teams herausgearbeitet:

1. Die Person im Chefsessel

Man braucht eine erfahrene Persönlichkeit – das muss nicht unbedingt der Teamleiter sein –, dessen Profil dem eines Koordinators entspricht und der in der Lage ist, Diskussionen innerhalb des Teams bis zum Konsens zu führen.

2. Ein Denker im Team

Erfolgreiche Teams brauchen einen guten Denker. Die Erfolgschancen eines Teams werden geringer, wenn mehr als ein Denker mitarbeitet. Jeder Denker neigt dazu die Ideen anderer Denker anzufechten statt die eigenen Ideen weiterzuentwickeln.

3. **Eine gute Mischung geistiger Fähigkeiten**

Es ist sehr wichtig, dass es nicht nur *ein* besonders kluges Teammitglied gibt und ein ihm mindestens ebenbürtiges, das das kluge Teammitglied in der Diskussion anregen kann. Auch einige etwas einfachere Mitarbeiter gehören in ein Team. Dadurch, dass sie mit den klügeren Kollegen nicht konkurrieren können, suchen sie automatisch nach anderen Rollen, in denen sie brillieren können. Auf diese Weise erweitert sich automatisch die Bandbreite der verschiedenen Rollen im Team.

4. **Eine gute Mischung der persönlichen Eigenschaften, die viele Team-rollen abdeckt**

Teams, in denen alle oder die meisten gewünschten Rollen vorkommen, sind am leistungsfähigsten. Es gibt weniger Reibungspunkte zwischen Konkurrenten um dieselbe Rolle.

5. **Eine gute Abstimmung der Charaktere der einzelnen Teammitglieder mit deren Verantwortungsbereiche im Team**

Man neigt oft dazu, Verantwortung nach Erfahrung zu vergeben. In erfolg-reichen Teams wird Verantwortung auf die Teamrollen abgestimmt. Es macht z. B. keinen Sinn, einen Denker damit zu beauftragen, detailreiche Auf-gaben zu koordinieren. Damit wird man nicht das beste Ergebnis erzielen.

6. **Erkennen und Ausgleichen von Unausgewogenheiten im Team**

Teams, die sich dessen bewusst werden und bereit sind, Rollen anzupassen oder zu verändern, um auf Stärken aufzubauen und Schwächen zu mini-mieren, werden immer im Vorteil sein.

■ Das Gleichgewicht verändern

Die richtige Zusammensetzung eines Teams hängt natürlich stark von der jeweiligen Aufgabe ab. Im Anfangsstadium eines Projektes, wenn Ideen entwickelt werden, braucht man unbedingt die Denker, Organisatoren und Bewerter. Ein guter Koordinator wird sich als exzellenter Team- bzw. Projekt-leiter darum bemühen, dass diese drei gut zusammen arbeiten können. Sobald die Ideen in die Praxis umgesetzt werden, sind der Umsetzer und der Team-arbeiter gefragt – insbesondere wenn es schwierig oder riskant wird. Zu diesem Zeitpunkt wird auch der Antreiber nützlich sein, der das Projekt vorantreibt, und ein Erfüller, der die Aufgabe begleitet.

Die verschiedenen Rollen kommen also in unterschiedlichen Stadien zum Einsatz und variieren mit dem jeweiligen Projekt. In manchen Phasen wird die eine oder andere Rolle sogar eher zu einer Belastung. So kann es z. B. vorkommen, dass der Denker immer noch nach neuen Ideen und Verbesserungen für ein Projekt sucht, wenn es schon längst umgesetzt wird. In diesem Falle sollte man dem Denker bereits eine neue Aufgabe geben, damit er sich aus dem laufenden Projekt heraushält.

In einem eingespielten Team, das über Jahre hinweg in einem gleichmäßigen Prozess und ohne größere Veränderungen zusammenarbeiten soll, sind solche Anpassungen der Teamfunktionen natürlich weniger kritisch. Bei einem Team, das auf einem Gebiet mit kurzfristigen Veränderungen oder weitgehend projektorientiert arbeitet oder Aufgaben erfüllt, die unter großem Wettbewerbs- oder Entscheidungsdruck stehen, sind Veränderungen „lebenswichtig", um effektive Teamarbeit zu gewährleisten.

MIT KLEINEREN TEAMS ARBEITEN

Angenommen, Sie arbeiten in einem Team aus vier Mitarbeitern. Welche Teamrollen kann man dann vernachlässigen? Eigentlich keine, denn jeder kann wenigstens noch eine zweite Rolle übernehmen. Dann kommt man auch mit vier Personen aus. Viele Teams kommen auch ohne bestimmte Rollen aus. Wenn Ihr Team hauptsächlich Ideen produzieren soll, braucht es keinen Erfüller zur Überwachung. Viele Teams kommen auch ohne Spezialisten aus.

Im Großen und Ganzen gesehen, lassen sich unter den neun Rollen vier finden, die hauptsächlich nach außen hin arbeiten, und fünf Teamrollen, die vor allem damit beschäftigt sind, was innerhalb des Teams passiert.

◆ Nach außen wirken der Koordinator, der Denker, der Organisator und der Antreiber.
◆ Nach innen orientiert sind der Umsetzer, der Bewerter, der Teamarbeiter, der Erfüller und der Spezialist.

Die meisten Menschen sind von Natur aus eher extrovertiert oder eher introvertiert. In einem erfolgreichen Team sollte mindestens ein extrovertierter und ein introvertierter Charakter mitarbeiten. Darüber hinaus kann jedes Teammitglied gleichzeitig zwei oder sogar drei Rollen ausfüllen. Manche Denker sind

z. B. auch exzellente Koordinatoren und manche Umsetzer sind ideale Teamarbeiter und gleichzeitig auch gute Erfüller. Wenn Sie ein Team zusammen-
stellen, dann wählen Sie deshalb sorgfältig und überlegt Ihre Mitarbeiter aus.
Es ist durchaus möglich ein erfolgreiches Team auch aus weniger als neun
Mitarbeitern zusammenzustellen. Dr. Belbins Untersuchungen haben ergeben,
dass ein Team mit neun Mitarbeitern bereits zu groß ist. Das ideale Team, das
konstruktiv und eng zusammenarbeitet, besteht aus sechs Personen.

Man sollte auch immer wieder berücksichtigen, dass ein kleineres Team
bestimmte Rollen nicht unbedingt braucht. Viele werden einen Teamarbeiter
benötigen, einen Organisator und einen Umsetzer – aber nicht in jedem Falle.
Dies hängt von den jeweiligen Aufgaben und der Anzahl der Teammitarbeiter
ab. Zwei Personen beispielsweise werden vermutlich keinen Koordinator
benötigen. Wenn man die Vorgaben einer anderen Abteilung umsetzen soll,
wird man z. B. keinen Denker benötigen und – wie bereits vorher erwähnt – es
erübrigt sich in vielen Fällen ein Spezialist.

NICHT OPTIMAL BESETZTES TEAM

Was ist zu tun, wenn Sie ein Team mit drei Denkern und vier Antreibern übernommen haben, die Sie nicht alle entlassen können? Es gibt verschiedene
Wege, von denen vielleicht einer Ihr Problem bereits löst. Aber vielleicht
müssen Sie auch mehrere Vorgehensweisen miteinander kombinieren.

1. Umorganisieren

Es klingt zwar nicht einfach, wenn zwei oder mehrere Mitarbeiter im Team
ihre Aufgaben oder zumindest den größten Teil ihrer Aufgaben tauschen.
Wenn diese Maßnahme für beide bessere Möglichkeiten eröffnet, werden
sie es auch beide begrüßen.

2. Die Flexibilität der Funktionen innerhalb des Teams erhöhen

Finden Sie heraus, welche Aufgaben jeder Mitarbeiter gern und gut erfüllt.
Überlegen Sie dann, ob Sie diese Aufgaben nicht etwas anders verteilen
können. Das ist etwas anderes, als ganze Verantwortungsbereiche zu verschieben. Man nimmt dem einen eine Aufgabe und gibt ihm dafür eine neue
auch in einem anderen Bereich und umgekehrt. Dabei muss man natürlich
sehr diplomatisch vorgehen, besonders dann, wenn man jemandem eine

Aufgabe nehmen möchte, die er gerne erledigt, auch wenn er nicht unbedingt viel Talent dafür beweist. Vielleicht versuchen Sie dies zunächst nur im kleinen Rahmen, indem Sie wenige Aufgaben verschieben. Falls es Mitarbeiter gibt, die diesen Veränderungen sehr ablehnend gegenüberstehen, ist dies immerhin ein Weg des geringsten Widerstandes, weil kleine Veränderungen nur schrittweise vorgenommen werden.

3. **Nicht miteinander harmonierende Teammitglieder voneinander trennen**
Was wird z. B. aus den drei Denkern? Vielleicht kann man das Team in kleinere Arbeitsgruppen mit Verantwortung für unterschiedliche Projekte oder verschiedene Stadien eines bestimmten Projektes teilen. Setzen Sie in jede dieser Arbeitsgruppen einen der Denker, so dass jeder seine eigene Herausforderung findet. Falls eine Trennung nicht möglich ist, sollten Sie darauf achten, dass an Meetings und Diskussionsrunden immer ausgleichende Mitarbeiter wie beispielsweise ein Teamarbeiter oder ein Koordinator teilnehmen.

4. **Mitarbeiter mit anderen Teams tauschen**
Vielleicht hat ein Kollege in einer anderen Abteilung Probleme, weil in seinem Team ein Antreiber fehlt, der all die Teamarbeiter und Erfüller voranbringt. Wenn Sie einen guten Antreiber gegen einen guten Teamarbeiter austauschen, werden beide Teams davon profitieren.

5. **Neueinstellung**
Diese Möglichkeit bietet sich natürlich nicht immer. Aber es gibt Gelegenheiten, wo die zur Verfügung stehenden Mittel und die Arbeitsbelastung eine Neueinstellung rechtfertigen und ein neuer Mitarbeiter im Team der Arbeit neue Impulse gibt. Falls Sie diesen Weg wählen, sollten Sie einen Bewerber auswählen, der genau in die Rolle passt, die Ihrem Team fehlt, und dessen Selbsteinschätzung sich mit den Vorstellungen und Erwartungen, die Sie von dieser Rolle haben, deckt.

Selbstverständlich sind diese Überlegungen über die Rollenverteilung im Team immer dann nötig, wenn ein Mitarbeiter das Team verlässt bzw. wenn sich das Team vergrößert, weil die Anforderungen wachsen. Es mag eine Weile dauern, bis man aus einem etwas unglücklich zusammengesetzten Team ein erfolgreiches Team gemacht hat. Die fünf Vorschläge werden diesen Prozess sicherlich ein wenig beschleunigen können.

Geht man davon aus, dass jeder Einzelne seine Stärken und auch zulässigen Schwächen hat, so wird man feststellen, dass viele Mitarbeiter weniger leisten als sie könnten oder das Team bei seiner Arbeit stören, weil das Unternehmen sie nicht richtig eingesetzt hat. Diese Mitarbeiter sind nicht über-, sondern unterfordert. Wenn Sie jemanden in ein anderes Team versetzen oder seinen Verantwortungsbereich ändern, sollten Sie deshalb unbedingt darauf achten, dass dieser Mitarbeiter erkennt: Die Veränderung geschieht sowohl in seinem eigenen Interesse als auch im Interesse des Teams. Erläutern Sie Ihre Gründe und erklären Sie dem Mitarbeiter, wie seine Stärken bei der neuen Aufgabe viel besser zum Tragen kommen können.

Wenn es Ihnen erst einmal gelungen ist, die Möglichkeiten jedes einzelnen Mitarbeiters in Ihrem Team herauszufinden und alle in der für sie geeignetsten Rolle eingesetzt sind, dann haben Sie die Basis geschaffen, auf der Sie nun Ihr Team aufbauen können.

Zusammenfassung

Wenn Sie Ihre Mitarbeiter zu einem erfolgreichen Team machen wollen, dann müssen Sie nicht nur ihre Fertigkeiten und Fähigkeiten kennen, sondern auch ihre Charakterzüge. Nur so finden Sie für jeden die richtige Teamrolle, in der der Mitarbeiter erfolgreich und für sich befriedigend arbeiten kann. Zu jedem Mitarbeiter passt in der Regel nicht nur eine Teamrolle; jeder kann durchaus auch mehrere Teamrollen „spielen", wenn es notwendig ist.

Wenn Sie die neun beschriebenen Teamrollen nicht besetzen können, dann versuchen Sie, die wichtigsten Teamrollen für die Aufgabe des Teams und das Stadium der gemeinsamen Arbeit herauszufinden und zu besetzen. Möglicherweise müssen dafür die Mitarbeiter ihre Teamrolle wechseln. Wenn bestimmte Rollen zu oft besetzt werden und andere dafür fehlen, entsteht ein Ungleichgewicht im Team, das zu Konflikten führt und dadurch die Zusammenarbeit im Team gefährdet.

KAPITEL 2

Motivation

WORUM ES GEHT:

Nun haben Sie die ideale Zusammensetzung für Ihr Team – oder zumindest die beste, die sich erreichen ließ – und alle Beteiligten sollten nun mit Freude an ihre Arbeit gehen. Die Motivation der Mitarbeiter ist in ihrer kurzfristigen und ihrer langfristigen Perspektive zu berücksichtigen:

Kurzfristig: Sie möchten, dass Ihr Team mit Begeisterung an die nächste Aufgabe herangeht.

Langfristig: Sie möchten, dass die Mitarbeiter gern im Team arbeiten und gleichbleibend gute Leistungen bringen.

Wie bereits mehrfach erwähnt ist jeder Mensch anders und deshalb muss auch jeder auf andere Art motiviert werden. Es ist nun Ihre Aufgabe herauszufinden, wie der Einzelne am besten motiviert werden kann. In diesem Kapitel geht es deshalb um folgende Themen:

Wie motiviert man einzelne Mitarbeiter und wie das ganze Team?

Welche Motivationstechniken schaden dem Teamgeist und welche unterstützen ihn?

Welche Belohnungssysteme sind für welche Charaktere geeignet?

Wie kann man Mitarbeiter in schwierigen Phasen motivieren?

Bei der Motivation geht es vor allem um die Befriedigung von Wünschen und Bedürfnissen. Mit anderen Worten: Wenn die Mitarbeiter merken, dass sich gute Arbeit lohnt, sind sie motiviert. Jeder Teamkollege hat bestimmte Grundbedürfnisse – Nahrung, Unterkunft, Kleidung usw. –, die er befriedigen kann, weil er Lohn oder Gehalt bekommt. Sind diese Grundbedürfnisse einmal erfüllt, dann beginnen Menschen nach mehr zu streben. Maslows Hierarchie der menschlichen Bedürfnisse zeigt eine Pyramide mit den Grundbedürfnissen an der Basis, auf der weitere Bedürfnisse aufbauen. Es gilt das Prinzip, dass höherrangige Ziele erst erreicht werden können, wenn die Ziele von geringerem Rang schon erreicht wurden.

| **Abb. 2** | **Maslows Bedürfnishierarchie** |

Selbst-
verwirklichung

Selbstachtung
Status und Geltung,
Anerkennung und Wertschätzung

Sozialer Status – Soziale Bindung
Familie, Freundschaften,
sozialer Anschluss, Identifikation

Sicherheit
Stabilität, physische und finanzielle Sicherheit

Physiologische Grundbedürfnisse
Nahrung, Unterkunft, Kleidung etc.

Wenn die Mitarbeiter Ihres Teams erfahren, dass durch ihre Arbeit die meisten oder alle der oben genannten Bedürfnisse befriedigt werden, dann sind sie auch motiviert, hart dafür zu arbeiten. Wenn sie außerdem feststellen, dass durch harte Arbeit noch mehr zu erreichen ist – z. B. mehr Sicherheit oder ein stärkeres Gefühl der Selbstverwirklichung –, dann werden sie motiviert sein auch diese Ziele anzustreben.

Allerdings ist Maslows Hierarchie nicht so zu deuten, dass jeder durch die gleichen Dinge zu motivieren ist. Bei den physischen Grundbedürfnissen mag das noch stimmen, denn jeder muss essen, trinken und schlafen, aber sobald man in der Hierarchie weitergeht, zeigen sich Unterschiede. Jeder braucht Sicherheit, aber einige Menschen kommen mit einem Minimum an Sicherheiten aus, während andere sich selbst mit einem Arbeitsplatz auf Lebenszeit und Erträgen aus fünf verschiedenen Rentenversicherungen noch nicht genug abgesichert fühlen. Wieder andere besitzen ein natürliches Selbstbewusstsein und wissen, dass sie gute Arbeit leisten, während manche Menschen immer wieder die ausdrückliche Anerkennung brauchen, dass sie gut arbeiten. Zufriedenheit am Arbeitsplatz spielt eine ganz große Rolle für die Ebene der Selbstverwirklichung. Jeder wünscht sie sich, aber was für den einen Mitarbeiter eine befriedigende Aufgabe ist, kann für den nächsten eine wenig herausfordernde und frustrierende Aufgabe sein.

Niemand ist gleich von Anfang an motiviert oder demotiviert, sondern eher offen dafür, das Für und Wider seiner Arbeit oder spezieller Aufgaben abzuwägen. Die Frage ist, ob die Umstände, die ein Mitarbeiter vorfindet, mit seinen persönlichen Ansprüchen übereinstimmen. Und hier werden Sie als Teamleiter wichtig: Wenn Sie nämlich die richtigen Voraussetzungen schaffen, stellt sich die Motivation bei Ihrem Team ganz von selbst ein.

Beispiel: Die Aktenablage

PRO Motivierende Faktoren	KONTRA Demotivierende Faktoren
ein aufgeräumter Schreibtisch	zeitaufwendig
ein Gefühl der Befriedigung	langweilig
ein zufriedener Chef	keine Herausforderung
Arbeitserleichterung	keine Unterhaltung möglich

kann man in Kauf nehmen, denn
  Aktenablage macht im Großen
  und Ganzen Spaß
	frustrierend, weil man bald
	  schon wieder Ablage machen muss

Die Faktoren auf der Pro- und Kontra-Seite hängen ab von der jeweiligen Person. Es gibt z. B. Mitarbeiter, die gern einmal Ablage machen, weil sie darin eine angenehme, auflockernde Unterbrechung ihrer Arbeit sehen. Sie werden auch einen Unterschied zwischen kurzfristiger und langfristiger Motivation feststellen. Viele Mitarbeiter wollen z. B. die Arbeit einfach erledigen,

◆ damit sie pünktlich nach Hause gehen können,
◆ damit sie eine unangenehme Sache vom Tisch haben,
◆ weil sie zufrieden sind, wenn sie eine ihnen liebe Arbeit abschließen,

◆ weil eine gute Arbeit Aussicht auf Anerkennung bringt,

◆ weil sie ihrem Ruf gerecht werden wollen, dass sie immer alles pünktlich erledigen.

Daneben gibt es noch andere Gründe, ohne von ganz persönlichen Gründen zu sprechen, die mit bestimmten Arbeiten zusammenhängen, z. B. den Müll-eimer wegbringen, weil man den Gestank nicht mehr erträgt.

Langfristige Motivationsfaktoren sehen etwas anders aus und sind meistens – wenn auch nicht immer – übergreifender. Hier einige Beispiele:

◆ Sicherheit
◆ Geld
◆ Status
◆ Anerkennung
◆ Verantwortung
◆ Zufriedenheit mit der Arbeit

Und es gibt noch einen anderen Motivationsfaktor, der in jedem gut funk-tionierenden Team zu finden ist.

Man kann Menschen sowohl auf individuelle Bedürfnisse als auch auf die generellen Bedürfnisse des Teams hin motivieren. Wenn es gelingt, diesen besonderen Teamgeist zu wecken, wird man feststellen, dass die Teammitar-beiter durch die Aussicht auf gemeinsamen Erfolg und gemeinsame Beloh-nungen motiviert werden. Sie sind stolz darauf, zum Team zu gehören und mit und für ihr Team zu arbeiten, und werden nach Erfolg, Anerkennung und Belohnung sowohl für das Team als auch für sich selbst streben.

PERSÖNLICHE MOTIVATIONSFAKTOREN

Wie gesagt sind die langfristigen Motivationsfaktoren eher übergreifend. Das heißt aber nicht, dass man sie dennoch nicht in ganz konkreter Form anbieten kann. Sehen wir uns einmal einige der geläufigsten Faktoren an, die Mit-arbeiter langfristig motivieren.

Geld

Zu Beginn gleich ein recht konkreter Faktor. Es gibt verschiedene Möglichkeiten, wie Sie Mitarbeiter mit Geld motivieren können:

◆ Sie können ihnen ein gutes Gehalt zahlen, sodass die Mitarbeiter bereit sind, etwas dafür zu leisten, um diese gut bezahlte Arbeit nicht zu verlieren.
◆ Sie können Bonuszahlungen gewähren oder Beförderungen mit Gehaltserhöhungen in Aussicht stellen, wenn die Mitarbeiter gute Arbeit leisten.
◆ Für viele ist es sehr motivierend, wenn sie für Erfolg versprechende Ideen am Gewinn beteiligt werden oder Prämien für Einsparvorschläge erhalten.
◆ Vielleicht besteht die Möglichkeit einer Provisionszahlung oder eines leistungsbezogenen Lohn- bzw. Gehaltssystems. (Hierauf werden wir später noch zurückkommen.)

Eine angemessene Entlohnung ist die Grundvoraussetzung für Motivation. Wer sich – im Vergleich zu anderen Kollegen – für unterbezahlt hält, der ist mit Sicherheit demotiviert. Wer sich jedoch gerecht bezahlt fühlt, wird kaum durch mehr Geld noch stärker zu motivieren sein. Auch goldene Wasserhähne laden ja nicht zu längerem Verweilen im Badezimmer ein. Die größte Unzufriedenheit entsteht, wenn jemand feststellen muss, dass ein Kollege, der seiner Meinung nach weniger verdienen sollte als er selbst, tatsächlich mehr verdient.

Sicherheit

Mit Sicherheit verbinden viele Mitarbeiter in der Hauptsache ausreichende finanzielle Mittel. So treffen auch hier einige der oben genannten Faktoren, aber auch die folgenden Punkte zu:

◆ Diese Mitarbeiter brauchen ein geregeltes Einkommen und es ist ihnen lieber, etwas weniger zu verdienen und diesen Betrag dann regelmäßig zur Verfügung zu haben als leistungsbezogen bezahlt zu werden, was möglicherweise mehr Geld einbringen könnte. Sie werden jeder Form einer leistungs- oder provisionsbezogenen Bezahlung, die das Grundgehalt automatisch auf ein niedrigeres Niveau senkt, misstrauisch gegenüber stehen.
◆ Betriebsrenten, die Sicherheit für die Zukunft versprechen, sind für diese Mitarbeiter motivierend.

◆ Ihnen wird viel daran liegen, dass ihre Arbeitsverträge abgesichert sind. Branchen, die ihre Mitarbeiter häufig mit befristeten Arbeitsverträgen binden, sollten sich für diese Mitarbeiter vielleicht zu einem anderen System entschließen.

■ Status

Hierbei geht es nicht nur darum, wie wertvoll ein Mitarbeiter für ein Unternehmen ist, sondern auch darum, dass dies auch für Außenstehende zu erkennen ist. Für Mitarbeiter, denen der Status wichtig ist, wirkt eine Beförderung als starker Motivationsfaktor und sie arbeiten bevorzugt in Unternehmen, in denen sich in dieser Richtung vielseitige Möglichkeiten bieten. Wenn allerdings keine Möglichkeit der Beförderung besteht, diese Mitarbeiter noch nicht reif für eine Beförderung sind oder Sie sie ans Team binden möchten, dann gibt es noch andere Wege, ihnen einen entsprechenden Status zu vermitteln:

◆ Verleihen Sie neue Titel.
◆ Stellen Sie dem Mitarbeiter ein größeres Büro zur Verfügung.
◆ Übergeben Sie dem Mitarbeiter ein Projekt mit hohem Prestige.
◆ Geben Sie ihm einen größeren Firmenwagen – oder zumindest einen besseren Parkplatz.
◆ Diese Mitarbeiter schätzen Weiterbildung als eine gute Vorbereitung für die nächsten Karriereschritte und nehmen im Allgemeinen gerne Weiterbildungsangebote wahr.

■ Anerkennung

Es gibt einige Möglichkeiten, jemandem vor anderen zu bestätigen, dass man seine Arbeit schätzt, und wir werden später noch näher darauf eingehen. Ganz wichtig ist aber auch, dass die Mitarbeiter schon im Voraus wissen, dass ihre gute Arbeit wirklich anerkannt wird:

◆ Allgemeine Anerkennung erwirbt ein Mitarbeiter, wenn z. B. seine erfolgreiche Arbeit in den Firmennachrichten gewürdigt wird oder ihn ein Aushang am Schwarzen Brett als den „Mitarbeiter des Monats" vorstellt.

◆ Sie sollten Ihrem Team vorher sagen, wenn ein Projekt so wichtig ist, dass darüber nach dem erfolgreichen Abschluss ein Artikel in der Firmenzeitschrift oder sogar in der lokalen Presse erscheint. Vielleicht können Sie dafür sorgen, dass der Geschäftsführer Ihres Unternehmens dem Team persönlich für seinen besonderen Einsatz dankt.

■ Verantwortung

Einige Mitarbeiter spornt es an, mehr Verantwortung zu übernehmen. Verantwortlich zu sein hängt auch mit dem sozialen Status zusammen – aber nicht für jeden Menschen. Manchen Mitarbeitern geht es dabei um die Herausforderung, anderen gefällt das Gefühl, alles unter Kontrolle zu haben, und wieder andere reizt die Macht, die aus größerer Verantwortung resultiert. Es ist nützlich zu wissen, welche Beweggründe für die einzelnen Mitarbeiter gelten – manchmal kommen auch mehrere Faktoren zusammen –, weil man dann einen besseren Anhaltspunkt hat, von welcher Art eine neue Verantwortung sein sollte:

◆ Es geht hier nicht darum, den Mitarbeitern besondere Aufgaben zuzuteilen, sondern diese Aufgaben sollten delegiert werden. Mit anderen Worten, die Mitarbeiter übernehmen nicht nur die Arbeit, sondern auch die Verantwortung für deren ordnungsgemäße Durchführung.
◆ Dafür muss man mit dem betreffenden Mitarbeiter abstimmen, welche Informationen, finanziellen Mittel und Arbeitsmittel er benötigt, und sie ihm zur Verfügung stellen. Danach sollten die Mitarbeiter selbstständig arbeiten, bis die Aufgabe abgeschlossen ist – es sei denn, der Mitarbeiter bittet ausdrücklich um Unterstützung.

Um größere Katastrophen zu vermeiden, sind hier einige Vorsichtsmaßnahmen angebracht:

◆ Stellen Sie sicher, dass beide Seiten sich über die Ergebnisse und den vereinbarten Termin im Klaren sind. Konzentrieren Sie sich auf Ergebnisse, nicht auf die Methoden: Sie können Termine, Kosten und Qualitätsansprüche vorgeben, lassen Sie jedoch die Mitarbeiter dann selbst entscheiden, wie sie vorgehen möchten.

◆ Wenn Sie das Gefühl haben, dass es Schwierigkeiten geben könnte, setzen Sie Zwischentermine und -ziele. Sie können dann mit dem Mitarbeiter den Stand der Bearbeitung überprüfen.

◆ Ermutigen Sie die Mitarbeiter, Fragen zu stellen und eventuelle Probleme mit Ihnen zu besprechen.

◆ Unterstützen Sie Ihre Mitarbeiter, wenn notwendige Mittel fehlen – z. B. wichtige Geräte. Erinnern Sie sich daran, was im Vorwort stand? Der Vorgesetzte sollte seinem Team dienen.

◆ Wenn eine Aufgabe oder ein Projekt erfolgreich abgeschlossen wurde, geben Sie dem dafür verantwortlichen Mitarbeiter auch die volle Anerkennung. Dies ist wichtig, wenn Sie die Mitarbeiter auch weiterhin zur Übernahme von Verantwortung ermuntern möchten.

■ Zufriedenheit mit der Arbeit

Viele Menschen sind natürlich durch unterschiedliche Faktoren zu motivieren. Einen sehr hohen Stellenwert hat für die meisten die Aussicht auf eine befriedigende Arbeit.

◆ Ihre Mitarbeiter müssen das Gefühl haben, dass sie gut arbeiten, damit sie ihre Arbeit als befriedigend empfinden. Sie sollten also darauf achten, dass jeder die für ihn richtige Aufgabe bekommt. Dabei geht es nicht nur darum, dass bestimmte Fähigkeiten und Erfahrungen mit den Anforderungen der Aufgabe übereinstimmen, sondern auch darum, dass die Mitarbeiter eine für sie befriedigende Rolle im Team oder in der Gruppe ausfüllen (vgl. Kapitel 1).

◆ Außerdem ist es für die Mitarbeiter wichtig zu erkennen, wo ihre Aufgabe im übergeordneten Zusammenhang eingeordnet wird. Wenn sie z. B. nur Teile einer umfassenderen Aufgabe erledigen – beispielsweise bestimmte Daten erfassen oder eine begrenzte Aufgabenstellung haben –, dann müssen Sie den Mitarbeitern vermitteln, wie wichtig ihr Arbeitsschritt für das Resultat am Ende ist. (Hierauf werden wir später noch näher eingehen.)

41

▉ Herausforderung

Wenn man bestimmte Herausforderungen zur Motivation nutzen möchte, sind folgende Punkte zu beachten:

◆ Für einige Menschen wird es zu einer großen Befriedigung, wenn sie sich selbst und anderen beweisen können, dass sie eine bestimmte Aufgabe, die man ihnen vielleicht nicht unbedingt zugetraut hätte, bewältigen können.

◆ Sie sollten ständig durch neue Aufgaben und Ziele animiert werden.

◆ Man kann den Mitarbeitern völlig neue Aufgaben anvertrauen oder sie bitten bereits Bekanntes auf eine andere Weise zu erledigen.

◆ Mehr Verantwortung benötigen Sie nicht unbedingt, auch wenn Verantwortung an sich für andere bereits Herausforderung bedeutet und wichtig ist. Für einige Mitarbeiter spielt Verantwortung nur eine untergeordnete Rolle.

◆ Eine Gelegenheit zur Weiterbildung nehmen diese Mitarbeiter gerne wahr, denn dadurch werden sie in die Lage versetzt, wieder neue Herausforderungen anzunehmen.

Wenn Sie nicht ganz sicher sind, wie Sie einzelne Mitarbeiter Ihres Teams am besten motivieren können, dann fragen Sie sie danach. Sprechen Sie z. B. während eines Mitarbeitergespräches darüber oder lassen Sie die Mitarbeiter einfach einen Fragebogen ausfüllen, der wie folgt aussehen könnte:

Was motiviert Sie langfristig?

PRO Motivierende Faktoren	KONTRA Demotivierende Faktoren

Grundlegende Motivationsfaktoren

Obwohl jeder Mensch im Grunde charakterlich anders ist, gibt es grundlegende Faktoren, die jeden Menschen motivieren. Hier die wichtigsten Motivationsfaktoren, auf die Sie achten sollten:

1. Je mehr Ihre Mitarbeiter über ihre Arbeit, deren Zusammenhänge und deren Wert wissen, desto motivierter sind sie. Zeigen Sie ihnen, wie jeder einzelne Mitarbeiter zum Erfolg des Unternehmens beiträgt. Und sagen Sie dies nicht nur, wenn Sie einen neuen Mitarbeiter im Team begrüßen, sondern wiederholen Sie es immer wieder für alle Teammitglieder. Veranstalten Sie für Ihre Mitarbeiter eine Führung durch das Unternehmen und die Produktion, damit das Team andere Abteilungen kennen lernt. Vielleicht lässt sich sogar eine Art von Job-Rotation organisieren oder zumindest können Sie arrangieren, dass Mitglieder eines Teams, die vielleicht nicht besonders viel Kundenkontakt haben, einmal bei einer Messe mit ihren Kollegen den Stand betreuen oder bei ähnlichen Gelegenheiten beteiligt sind. Sie werden Spaß daran finden und die eigene Bedeutung dann auch viel besser einschätzen können. Lassen Sie Ihre Mitarbeiter die Ergebnisse ihrer Arbeit sehen, vor allem dann, wenn die Kollegen nicht mit Kunden direkt zusammenarbeiten. Nehmen Sie sie beispielsweise mit auf einen Besuch bei Einzelhändler-Kunden oder besichtigen Sie einmal gemeinsam den Betrieb eines Kunden, wenn sich dies einrichten lässt.

2. Setzen Sie Ihren Mitarbeitern immer klare und erreichbare Ziele und stellen Sie sicher, dass es sich dabei um gemeinsam vereinbarte und nicht um vorgegebene Ziele handelt. Wer sein Ziel nicht kennt, kann auch seine Leistung nicht einschätzen. Denken Sie nur einmal daran, wie das in der Schule ist. Wenn ein Lehrer einem Schüler sagt, er habe 60% erreicht, ist er damit ganz zufrieden. Stellt der Schüler aber dann fest, dass die höchste Leistung bei 98% lag und niemand unter 65% abgeschlossen hat, sieht das ganz anders aus. In einem anderen Fach wiederum können 60% schon recht gut sein. Genau aus diesem Grunde müssen die Mitarbeiter wissen, wie es um ihre Leistung steht, und deshalb brauchen sie messbare Ziele für sich selbst und für das Team. Vage Aussagen können sehr stark demotivieren. Die Mitarbeiter wissen dann gar nicht genau, was genau überhaupt von ihnen verlangt wird, und gewinnen außerdem den Eindruck, dass das auch gar keine große Rolle spielt. Das kann wiederum verstanden werden, als ob das Team auch keine besondere Bedeutung hätte.

3. Lassen Sie die Mitarbeiter an allem teilhaben. Informieren Sie sie über die Vorgänge im Unternehmen und bitten Sie um Meinungen, Ideen und Vorschläge. Die Mitarbeiter müssen das Gefühl haben, dass man ihnen auch wirklich zuhört, denn sie werden keine Vorschläge mehr machen, wenn diese ohnehin nie berücksichtigt werden. Selbstverständlich sind nicht immer alle Ideen umsetzbar, aber man kann mit den Mitarbeitern darüber sprechen und findet dann vielleicht gemeinsam zu einer besseren Lösung. Selbst wenn von der ursprünglichen Idee nicht mehr allzu viel übrig bleibt, werden die Mitarbeiter das dann nachvollziehen und das Gefühl haben, dass man ihnen zugehört hat, und beim nächsten Mal sieht das Ergebnis womöglich schon ganz anders aus. Dieser Punkt ist ganz wichtig, denn sobald die Mitarbeiter einbezogen werden, identifizieren sie sich auch wesentlich mehr mit ihrer Arbeit. Wenn dann etwas nicht so gut läuft, fühlt sich jeder mitverantwortlich, und wenn etwas gut läuft, hat auch jeder das Gefühl, zum Erfolg beigetragen zu haben. Genau das motiviert die Mitarbeiter, und um dieses Gefühl des Engagements aufrechtzuerhalten, sollte man deshalb immer wieder betonen, welch wichtigen Beitrag jeder Einzelne zum Erfolg des Teams leistet.

Die Rolle des Teamleiters

In diesem Buch geht es weniger um die Führung als vielmehr um das Team. Dennoch hängt die Motivation der Mitarbeiter eines Teams zu einem großen Teil auch von der Persönlichkeit des Teamleiters ab.

Mit Fehlern umgehen

Wenn jemand sich mit der richtigen Aufgabe auseinander setzt und optimale Arbeitsverhältnisse vorfindet – das liegt ja in Ihrer Verantwortung als Teamleiter –, dann wird er auch zumindest bis zu einem gewissen Grad motiviert arbeiten und nicht absichtlich Fehler machen. Das bedeutet wiederum, dass dennoch auftretende Fehler nichts anderes sind als solche Fehler, für die niemand etwas kann und hinter denen keine Absicht steckt. Mitarbeiter, die sich einen Tadel einhandeln, angeschrien oder gar bestraft werden, wenn ihnen ein Fehler unterläuft, werden dies als äußerst ungerecht empfinden und beim nächsten Mal sicher alles daran setzen, dass ein Fehler von ihnen gar nicht erst entdeckt wird.

Damit ist niemandem gedient. Aus Fehlern sollte jeder etwas lernen. Kritisieren Sie niemanden, weil ihm ein Fehler unterlaufen ist, sondern sprechen Sie mit ihm darüber, wie es seiner Meinung nach dazu gekommen ist. Danach können Sie gemeinsam überlegen, wie ein solcher Fehler in Zukunft zu vermeiden ist. Danken Sie Ihrem Mitarbeiter für seine Offenheit. Dann wird er auch beim nächsten Mal – falls es daraufhin überhaupt ein nächstes Mal gibt – ohne Vorbehalte zu Ihnen kommen. Nur so laufen unangenehme Situationen nicht aus dem Ruder. Ihre Mitarbeiter werden Sie außerdem für Ihre Fairness respektieren. Sie können die Atmosphäre in solchen Fällen auch etwas entspannen, wenn Sie erzählen, welche Schnitzer Ihnen selbst früher unterlaufen sind, über die Sie heute lachen können. Manchmal wiederholen sich allerdings auch Fehler. Damit müssen Sie dann strenger umgehen. Hierzu mehr in den folgenden Kapiteln.

Stehen Sie zu Ihrem Wort

Es ist äußerst demotivierend, wenn jemand zwar bestimmte Dinge sagt, selbst aber nicht danach handelt. Schlimmstenfalls steht dann das Vertrauen grundsätzlich auf dem Spiel. Es gibt z. B. Vorgesetzte, die sagen: „Dieser Bericht ist erstklassig!", um gleich danach alle möglichen Veränderungen daran vorzunehmen. Warum tut der Vorgesetzte das, wenn er den Bericht für „erstklassig" hält? Oder warum sagt er, der Bericht sei „erstklassig", wenn dies offensichtlich gar nicht der Fall ist? Und wenn der Vorgesetzte immer sehr viel an einem Bericht ändert, warum sollte sich ein Mitarbeiter dann beim nächsten Mal überhaupt noch Mühe geben?

Seien Sie positiv

Konzentrieren Sie sich immer auf das Positive und nicht auf das Negative. Wenn Sie mit einem Mitarbeiter über ein Arbeitsergebnis sprechen, das nicht ganz Ihren Erwartungen entspricht, dann sähe eine negative Reaktion so aus: „Na ja, es könnte schlimmer sein, aber lassen Sie uns über einiges sprechen, das hier verbessert werden muss." Der arme Mitarbeiter wird sich zurückziehen und denken: „Ich bin ein hoffnungsloser Fall, was habe ich denn da nur wieder Mangelhaftes abgeliefert?", und er wird es beim nächsten Mal gar nicht erst versuchen wollen. Seine Motivation ist zerstört.

Ins Positive gewendet könnte die Reaktion sein: „Gute Arbeit, sie sind sehr richtig an die Aufgabe herangegangen und haben mit einer klaren Struktur

45

gearbeitet. Dann sind aber ein, zwei Punkte etwas durcheinander geraten. Lassen Sie uns das einmal gemeinsam anschauen, dann werden Sie beim nächsten Mal keine Schwierigkeiten mehr damit haben." Nachdem dies gesagt ist, kann man noch hinzufügen: „Übrigens danke ich Ihnen, dass Sie die Sache so pünktlich erledigt haben. In dieser Hinsicht kann ich mich wirklich immer auf Sie verlassen." Daraufhin wird der Mitarbeiter das Gefühl haben, dass er noch das eine oder andere verbessern kann, seine Sache aber ansonsten recht gut macht. Beginnen und beenden Sie deshalb jedes Gespräch mit etwas Positivem.

In diesem Zusammenhang sollte man auch immer nach vorne und nicht zurück schauen. Setzen Sie ein deutliches Zeichen, dass Sie die Gründe für Fehler nur deshalb interessieren, weil man daraus etwas für die Zukunft lernen kann, und dass es nicht darum geht, jemandem eine Schuld zuzuweisen.

Seien Sie freundlich

Es heißt oft, es sei nicht so wichtig, ob ein Vorgesetzter beim Team beliebt sei, Hauptsache, er werde respektiert. Untersuchungen haben allerdings das Gegenteil bewiesen. Wenn die Mitarbeiter Sie mögen, werden sie schneller lernen, höhere Ansprüche an sich selbst zu stellen, und produktiver arbeiten. Das bedeutet keineswegs, dass Sie jedermanns „guter Kumpel" sein sollten, es heißt nur, dass Teammitarbeiter für einen Vorgesetzten, den sie mögen, motivierter arbeiten. Seien Sie also freundlich und offen, höflich und großzügig bei der Anerkennung von Erfolgen und lassen Sie Ihre Mitarbeiter spüren, dass Sie sie mögen.

Geraten Sie aber nicht in die Versuchung, sich um jeden Preis beliebt zu machen, und schrauben Sie Ihre Erwartungen zurück. Ihr Team wird Sie nicht weniger mögen, wenn Sie gelegentlich hart durchgreifen müssen, sofern dies gerechtfertigt ist.

Seien Sie höflich

Erteilen Sie keine Befehle, sondern bitten Sie Ihr Team um die Erledigung bestimmter Aufgaben. Ein gut motiviertes Team braucht keine Instruktionen und wird auch keine Bitte ablehnen. Das scheint nicht besonders wichtig. Wer aber jemals mit einem Vorgesetzten zu tun hatte, dem niemals ein Danke oder ein Bitte über die Lippen kam, wird den Unterschied bemerken. Und wenn Sie jemanden um etwas bitten, was nicht unbedingt seiner Aufgabe entspricht, dann sollten Sie das auch ruhig sagen: „Herr Roth, ich weiß, Sie sind beschäftigt, aber Frau Münch ist heute nicht da. Könnten Sie freundlicherweise einmal in der Produktion nachfragen, wie es mit der Lieferung für Frankfurt aussieht?" So kommt sich Ihr Mitarbeiter nicht wie ein Handlanger vor und wird Ihnen bestimmt gerne behilflich sein.

Seien Sie großzügig

Menschliche Beziehungen haben ja immer zwei Seiten: Man sollte nichts von jemandem erwarten, was man nicht auch bereit wäre, für ihn zu tun. Es wird immer wieder einmal vorkommen, dass Sie einen Mitarbeiter bitten müssen Überstunden zu machen, für einen anderen einzuspringen oder etwas zu erledigen, was nicht unbedingt zu seinem Aufgabengebiet gehört. Ihre Mitarbeiter sind gerne behilflich, wenn sie das Gefühl haben, dass Sie gleichermaßen einspringen würden. Wenn es sich einrichten lässt, sollte man großzügig sein und einem Mitarbeiter z. B. auch einmal freigeben, weil beispielsweise ein ernster Krankheitsfall in der Familie aufgetreten ist oder weil die Kinder später zur Schule gebracht werden müssen.

MOTIVATION DES TEAMS

Da jedes Team ja aus Individuen besteht, sollte man seine Motivationsstrategien auf die einzelnen Mitarbeiter abstimmen, andererseits aber auch das Team als Ganzes im Blick behalten und als Ganzes motivieren, um das Zusammengehörigkeitsgefühl zu stärken.

Erfolg motiviert jeden: Die Mitarbeiter eines erfolgreichen Teams sind motiviert. Damit das Team gemeinsam Erfolg haben kann, müssen die Bedingungen stimmen. Die Mitarbeiter müssen einen Teamerfolg erkennen, den sie als Einzelne nicht hätten erreichen können. Dazu braucht jeder seine bestimmte Rolle im Team. Wenn ein Projekt erfolgreich zum Abschluss gekommen ist, kann jeder sagen: Ohne Karins Ideen, Roberts Kontakte, Ankes perfekte Planung, Uwes Verhandlungsgeschick hätten wir das alles nicht geschafft.

Selbst kleinere Projekte können von zwei bis drei Personen, die sich gut ergänzen, so erledigt werden, dass immer noch der gemeinsame Erfolg erkennbar bleibt. So wird der Beitrag jedes Einzelnen gewürdigt, gleichzeitig

47

aber auch der Erfolg des Teams. Leider wird oft der Fehler begangen, dass zu viele Leute mit der gleichen Qualifikation bei einem Projekt mitarbeiten. Dann hat am Ende jeder den Eindruck, er hätte das eigentlich auch alleine leisten können.

Um ein Team als Team zu motivieren, muss man deshalb überlegen, wie das Team für eine bestimmte Aufgabe oder ein bestimmtes Projekt am besten zusammengesetzt werden sollte, damit jeder Einzelne sich seiner eigenen Bedeutung, aber auch der Bedeutung seiner Kollegen bewusst wird.

Auf die Belohnung guter Arbeit kommen wir noch zu sprechen. Grundsätzlich ist es wichtig, dass immer die Leistungen des gesamten Teams lobend anerkannt werden sollte, um das Team zu motivieren. Selbstverständlich kann man dabei jedem Teammitglied für seinen Einzelbeitrag danken, Gratifikationen aber sollten für alle gleich ausfallen.

Viele der bereits behandelten Hinweise zu den grundlegenden Motivationsfaktoren sollten auch für das Team berücksichtigt werden, so z. B. die kontinuierliche Information über das Unternehmen und die Rolle jedes Einzelnen. Führen Sie Gespräche mit dem gesamten Team und machen Sie Firmen- oder Messebesuche auch immer als Team, sofern dies möglich ist. Setzen Sie sowohl dem Team als auch jedem Einzelnen Ziele und Vorgaben, die nur eingehalten werden können, wenn alle gemeinsam an einem Strang ziehen.

■ Das richtige Arbeitsumfeld

Wie bereits erwähnt, muss der Teamleiter ein gutes Arbeitsumfeld schaffen, um seine Mitarbeiter zu motivieren. Das betrifft auch die äußeren Bedingungen. Menschen, die in düsteren Kellergeschossen, die seit dreißig Jahren nicht mehr renoviert wurden, arbeiten müssen, sind bestimmt weniger produktiv als Mitarbeiter, die in einer sauberen, hellen und freundlichen Umgebung arbeiten. Leider gestehen viele Manager einer angenehmen Arbeitsumgebung keine große Bedeutung zu.

Die Anordnung der Arbeitsplätze kann einen wesentlichen Einfluss auf die Motivation und den Teamgeist haben. Wenn jeder in seinem eigenen Büro „eingesperrt" ist, entwickelt sich kein Zusammengehörigkeitsgefühl. Ein offener, großer Raum bietet hier sehr viel mehr Möglichkeiten und es ist viel besser, wenn das gesamte Team in einem möglichst offenen Bereich zusammenarbeitet. Versuchen Sie es so einzurichten, dass sich alle Mitarbeiter regelmäßig treffen. Dazu eignen sich auch sehr gut Faxgeräte, Fotokopierer oder

Kaffeeautomaten an zentraler Stelle. Diese „Kommunikationszentren" scheinen zwar eher von der Arbeit abzuhalten, tun dies aber in Wirklichkeit nicht, denn ein motivierter Mitarbeiter, der seine Arbeit verantwortungsbewusst erledigt, wird sich bestimmt nicht jeden Tag 45 Minuten lang am Fotokopierer mit anderen unterhalten. Aber ein kleines Schwätzchen, wenn es die Zeit erlaubt, ist hin und wieder sehr nützlich. Es dient nicht nur der kollegialen Atmosphäre, sondern dabei lassen sich oft auf unkonventionelle Weise kleine Probleme innerhalb des Teams lösen. „Du kannst dir nicht vorstellen, wie betrunken ich am Freitag war" kann man ja überhören, aber man kann auch hören: „Ich habe vorige Woche für diese Sonderaufträge vier ganze Tage gebraucht. Wenn du sie dir zuerst angesehen und erst dann an mich weitergegeben hättest …"

Bestimmte Arbeiten – Kundengespräche oder Verhandlungen mit Lieferanten beispielsweise – müssen natürlich in einem geschlossenen Rahmen stattfinden. Dafür sollten kleine Konferenzräume, die von allen Mitarbeitern des Teams genutzt werden können, zur Verfügung stehen. Einige Menschen ziehen es auch einfach vor, allein und in Ruhe zu arbeiten. Das müssen Sie auch akzeptieren. Im Interesse des Teams sollte deren Schreibtisch zwar auch neben denen der anderen Kollegen stehen, aber vielleicht kann man zugestehen, sich ein oder zwei Stunden täglich in einen Konferenzraum zurückzuziehen, um Arbeiten zu erledigen, die keine Störungen vertragen.

Folgt man dem neuesten Trend in der Teamarbeit, dann besitzt niemand mehr einen eigenen Schreibtisch, sondern er geht morgens einfach an einen freien Arbeitsplatz, an dem er dann an diesem Tag arbeitet. Das soll den Teamgeist fördern. Das mag Ihnen zwar unpraktisch erscheinen, kann in bestimmten Arbeitssituationen aber recht gut funktionieren. Telefonverkäufer z. B., die nichts brauchen als einen Computer, können an solchen Arbeitsplätzen gut arbeiten. Warum sollte man das nicht einmal eine Woche lang ausprobieren und sehen, was das Team davon hält und wie es damit zurechtkommt? Man sollte aber auch akzeptieren, wenn ein Mitarbeiter lieber seinen festen Arbeitsplatz mit eigener Grünpflanze behalten will und ihn nicht durch Veränderungen demotivieren.

Noch ein Gedanke zum Arbeitsumfeld. Viele erleben gerne einmal einen Tapetenwechsel, der sich dann positiv auf die Kreativität auswirkt. Suchen Sie andere Tagungsmöglichkeiten innerhalb oder auch außerhalb des Gebäudes. Für ein Team-Meeting kann man bei schönem Wetter auch einmal eine ruhige Ecke im Park auswählen. Oder wie wäre es mit der Dachterrasse für das nächste Brainstorming?

■ Fehler, die dem Team schaden

Es gibt bestimmte Maßnahmen, die einzelne Mitarbeiter oder das Team demotivieren oder gar dem Teamgeist schaden. Vermeiden Sie deshalb Folgendes:

1. Reibungspunkte provozieren

Stecken Sie Mitarbeiter, die sich einfach nicht gut verstehen, nicht unbedingt in eine Gruppe, die eng zusammenarbeiten muss. Selbst in den besten Teams gibt es bestimmte Zusammensetzungen, die nicht so gut harmonieren wie andere. Falls es sich bei einer bestimmten Aufgabe nicht vermeiden lässt, dass diese Mitarbeiter eng zusammenarbeiten, treffen Sie Vorkehrungen, damit Reibereien gar nicht erst aufkommen können. Lassen Sie sie nicht mehr Zeit zusammen verbringen als nötig. Wenn sie ein bestimmtes Projekt z. B. gemeinsam planen, dann geben Sie jedem einen anderen Verantwortungsbereich.

Es kann auch ratsam sein, noch eine dritte Person – beispielsweise einen Teamarbeiter wie in Kapitel 1 beschrieben – in dieses Team einzugliedern, und sei es nur, um zwischen den beiden Kollegen für einen menschlichen Ausgleich zu sorgen.

2. Unfaires Verhalten

Wenn Ihr Team Sie für unfair hält – zu Recht oder nicht –, ist der Zusammenhalt der Gruppe gefährdet. Wenn die Mitarbeiter den Eindruck haben, dass Sie die reizvollsten Projekte immer denselben Kollegen zuteilen oder dass ein Kollege einen größeren Bonus erhält als alle anderen, dann ist es unbedingt an der Zeit etwas zu unternehmen. Am besten, Sie sprechen offen darüber. Versuchen Sie dabei nicht, sich für Ihre Entscheidungen zu rechtfertigen, sondern fragen Sie, welches Verhalten Ihre Mitarbeiter für unfair halten und wie Sie es hätten anders machen können. Auf diese Weise können Sie das Problem lösen. Ideal wäre es, wenn derartige Situationen gar nicht erst aufträten.

3. Lob übertreiben

Bei einigen Motivationsfaktoren können Sie für Ihre Mitarbeiter gar nicht genug tun, beispielsweise, indem Sie sie ständig informieren und bei Entscheidungen einbeziehen. Einige Motivationsfaktoren allerdings wollen dosiert sein: Lob und Belohnungen kann man auch so übertreiben, dass der Effekt abnimmt. Selbstverständlich verdient eine gute Arbeit Ihr Lob. Wenn ein Mitarbeiter eine Arbeit bestenfalls akzeptabel erledigt und Sie dann sagen: „Das ist brillant – absolut erstklassig! Was würden wir nur ohne Sie tun?" – wie sollten Sie ihn dann noch loben, wenn er eine Arbeit wirklich sehr gut erledigt hat? Deshalb muss das Maß des Lobes auf die Leistung abgestimmt werden. Ein einfaches „Danke – gute Arbeit" hätte in unserem Beispiel genügt.

Auch wenn unzureichende Arbeit geleistet wurde, muss man das ausspre-chen – wie schon gesagt: positiv. Sonst werden Ihre Mitarbeiter Ihr Urteil nicht ernst nehmen und Lob aus Ihrem Munde verliert seine Bedeutung. Beim Loben auch auf Einzelheiten einzugehen, hilft Ihrem Team und ist bedeutungsvoller: „Gut gemacht. Es ist nicht leicht einen aufgebrachten Kunden zu beruhigen, Sie haben das sehr gut hingekriegt. Was genau haben Sie denn zu ihm gesagt?"

4. Einzelne für Leistungen des Teams belohnen

Man kann gar nicht oft genug wiederholen, dass Sie immer die Leistung des gesamten Teams anerkennen sollten, wenn das Team sie erbracht hat. Sonst könnten Sie falsch verstanden werden: Sie messen der Arbeit des einzelnen Mitarbeiters vielleicht mehr Bedeutung zu als der Arbeit des Teams.

■ Den Teamgeist fördern

Um den Teamgeist zu fördern, sollten Sie vor allen Dingen die oben genannten Fehler vermeiden. Man muss Reibungspunkte ausschalten, fair bleiben, sein Lob auf die Leistung abstimmen und immer das ganze Team für gemeinsam erreichte Ziele belohnen. Hier noch einige weitere Empfehlungen:

1. Ermutigen Sie die Mitarbeiter sich gegenseitig zu unterstützen

Wenn jemand Rat oder Hilfe braucht, sollten Sie nicht immer selbst ein-springen, sondern einen Kollegen finden, der weiterhelfen kann. Vermeiden Sie deshalb unnötige Abgrenzung zwischen verschiedenen Aufgaben. Für neue Mitarbeiter sollte grundsätzlich gelten, dass sie, wenn ein Kollege nicht am Platz ist, ein Telefongespräch entgegennehmen, auch wenn sie nur eine Nachricht notieren können. Wenn ein Kollege einmal etwas ganz Drin-gendes erledigen muss, sollte jeder für eine Viertelstunde mithelfen, wenn es nötig ist. Selbstverständlich geht das nicht immer, aber hin und wieder fördert solch eine gemeinsame Aktion das Zusammengehörigkeitsgefühl.

51

2. Gemeinsame Schulungen für das gesamte Team

Gemeinsame Weiterbildungsveranstaltungen bringen die Kollegen einander näher. Informationsveranstaltungen über das Unternehmen und die Rolle des Teams darin sind besonders nützlich und sollten grundsätzlich gemeinsam besucht werden.

3. Verschiedene Personen mit unterschiedlichen Projekten betrauen

So bleibt das Team in Bewegung und der Respekt für die Arbeit der Kollegen wächst. Jeder bekommt ein Gefühl dafür, dass die Aufgabe im Mittelpunkt steht. Natürlich werden erfahrenere Mitarbeiter sich um anspruchsvollere Projekte kümmern. Aber auch neuen und noch unerfahrenen Mitarbeitern kann man schon die Verantwortung für das Büromaterial oder das Faxgerät übertragen. Wichtig ist die notwendige Unterstützung der Mitarbeiter. Auch Außenstehende sollten erkennen, dass Mitarbeiter für einen bestimmten Bereich verantwortlich sind.

Einschränkungen der Verantwortung kann man mit dem Mitarbeiter im Einzelgespräch klären. Auch Sie als Vorgesetzter müssen sich an die Vorschriften halten, denn die gelten auch für alle anderen. Sie können beispielsweise als Teamleiter nicht einfach das Bestellsystem für Büromaterial übergehen oder mit Kunden Konditionen vereinbaren, die die anderen Kollegen nicht gewähren dürfen.

4. Vertrauliche Informationen an das Team weitergeben

Indem Sie auch vertrauliche Informationen weitergeben, können Sie Ihren Mitarbeitern zeigen, dass Sie ihnen vertrauen. Allerdings sind auch hier bestimmte Regeln zu beachten:

– Informieren Sie wirklich alle Mitarbeiter im Team, nicht nur die Projektleiter oder die Vorgesetzten.
– Es gibt Informationen, die man aus Gründen der Fairness nicht weitergeben sollte. Vertriebsmitarbeitern z. B. kann man nicht neue Produkte in Aussicht stellen, von denen sie den Kunden noch nichts erzählen dürfen. Wenn dann doch Informationen durchsickern, können Probleme entstehen, die man hätte vermeiden können.
– Sprechen Sie mit dem Team nicht über vertrauliche Dinge, die andere Mitarbeiter betreffen. („Der Buchhalter ist nicht im Urlaub, sondern er wurde wegen mutmaßlicher Veruntreuung vom Dienst suspendiert.")
– Sprechen Sie nicht von vertraulichen Informationen, wenn es keine sind. Ihre Mitarbeiter fühlen sich an der Nase herumgeführt, wenn sie diese Neuigkeiten auch von anderer Seite hören.

– Geben Sie Bescheid, wenn eine Information nicht mehr als vertraulich zu behandeln ist. Wenn die Mitarbeiter z. B. seit Monaten über eine neue aber noch nicht veröffentlichte Produktentwicklung informiert sind, dann kündigen Sie es an, wenn die Presse bald darüber berichten wird und nichts mehr geheim gehalten werden muss.

Zu den vertraulichen Informationen, die Sie an Ihr Team weitergeben sollten, gehören z. B. neue Produktentwicklungen, Hintergründe über die finanzielle Lage des Unternehmens oder anstehende organisatorische Veränderungen.

5. Behandeln Sie *alle* gleich

Zu größeren Teams gehören oft auch Sekretärinnen und Assistenten, die sich leicht ausgeschlossen fühlen können, wenn man hier nicht aufpasst. Auch diese Mitarbeiter erfüllen eine sehr wichtige Aufgabe und sollten mit dem gleichen Respekt behandelt werden wie die anderen Mitarbeiter im Team. Trotz allen guten Willens sind sie manchmal von bestimmten Schulungen, Team-Meetings u. Ä. ausgeschlossen. Die herkömmliche Einstellung, es handele sich um untergeordnete Aufgaben oder Aufgaben für Anfänger, bewirkt, dass diese Mitarbeiter oft besonders sensibel dafür werden, ob sie gleichrangig oder anders behandelt werden als die übrigen Kollegen im Team.

Wenn Sie selbst Sekretärinnen und Assistenten ins Team integrieren, setzen Sie auch für die anderen Mitarbeiter im Team ein Zeichen. Man kann kein Zusammengehörigkeitsgefühl aufbauen, wenn Mitarbeiter draußen bleiben, weil Sie nicht die Chance der Integration erhalten.

Dabei besteht die Schwierigkeit, dass Sekretärinnen und Assistenten normalerweise „die Stellung halten" müssen, wenn das Team an einem Meeting oder an einer Schulung teilnimmt. Das ist oft sogar unnötig; vielleicht genügt es, wenn im Wechsel immer nur ein Mitarbeiter erreichbar ist. Manchmal muss der eine oder andere Kollege ja nicht unbedingt teilnehmen und könnte das Telefon bedienen. Manchmal müssen gerade die Sekretärinnen und Assistenten erreichbar sein, aber man sollte ihnen nicht automatisch diese Rolle zuschieben.

Hin und wieder gibt es auch besondere Anlässe, z. B. ein gemeinsames Essen mit dem Team, und jemand muss währenddessen im Büro bleiben. Demjenigen könnte man vielleicht ein Abendessen mit Partner anbieten. Fragen Sie einfach einmal, wer dazu bereit wäre, und falls es mehr als einen Freiwilligen gibt, lassen Sie das Los entscheiden.

VERSCHIEDENE ARTEN DER BELOHNUNG

Zur Motivation gehört alles, was zu einer richtigen Arbeitsatmosphäre beiträgt, in der die Mitarbeiter produktiv arbeiten können. Belohnungen folgen erst nach getaner Arbeit, sind aber auch Bestandteil der Motivation, denn die Mitarbeiter werden dadurch auch wieder für kommende Aufgaben motiviert. Dies ist ein sehr wichtiger Punkt. Wenn man jemanden für eine außerordentliche Leistung nur gering belohnt, wird er in Zukunft weniger motiviert sein ("Ich habe einen neuen Auftrag über eine Viertel Million hereingeholt und der Dank war eine Flasche billiger Fusel."). Achten Sie deshalb darauf, dass gute Leistungen auch angemessen gewürdigt werden.

Solche Belohnungen sollten natürlich auch gerecht vergeben werden. Wenn man Herrn Müller im vergangenen Monat eine Flasche Wein schenkte, um ihm für seinen Wochenendeinsatz zu danken, sollte man auch Frau Maier eine Flasche Wein schenken, wenn sie dieses Wochenende arbeitet. Sie selbst erinnern sich vielleicht gar nicht mehr an den letzten Monat, Frau Maier ganz bestimmt. Und wenn Sie, als das Team Rekordzahlen im Verkauf erzielte, die Sektkorken knallen ließen, sollten Sie das beim nächsten Anlass auch wieder tun. Sonst entsteht der Eindruck, dass Ihnen die Verkaufszahlen gar nicht mehr so wichtig sind wie beim letzten Mal.

■ Individuelle Belohnungen

Geht man von der Theorie aus, dann könnte man ungefähr einschätzen, mit welche Art von Belohnung man welche Charaktere motivieren kann. Einige Menschen haben dennoch ganz andere Vorlieben als man vermuten würde. Es ist wichtig, persönliche Belohnungen genau auf den Menschen abzustimmen. Deshalb finden Sie nachstehend nicht die Charaktere sondern einzelne Faktoren, die Menschen motivieren. Damit kann man leicht die richtigen Belohnungen finden; entsprechende Vorschläge finden Sie in der Tabelle.

Wie finden Sie heraus, was Ihre Mitarbeiter wirklich motiviert? Fragen Sie sie ganz einfach bei Gelegenheit danach, z. B. beim Mitarbeitergespräch oder bei einer Weiterbildungsveranstaltung. Bei einigen Geschenken (z. B. bei Blumen oder Schokolade) kann man auch die anderen Teammitglieder nach dem Geschmack eines Kollegen fragen. Außerdem: Hören Sie bei Unterhaltungen zu! Hat ein Mitarbeiter Spaß am Gärtnern? Würde er gern mehr Zeit mit seinen Kindern verbringen? Solche Vorlieben sollte man sich für besondere Gelegenheiten merken.

Motivationsfaktoren und Belohnungen

Motivationsfaktor	Vorgeschlagene Belohnung
Lob	Ganz unabhängig von anderen Belohnungen hört jeder gern, dass er seine Arbeit gut gemacht hat. Und praktisch jeder freut sich über eine Art von öffentlicher Anerkennung für besondere Verdienste. Sie können dem Mitarbeiter schriftlich gratulieren (Kopie an die Geschäftsleitung), seinen Erfolg in der Firmenzeitschrift würdigen oder Sie gratulieren ihm vor allen Mitarbeitern in einem Meeting. (Denken Sie aber daran, dass es auch Leute gibt, denen dies eher peinlich ist.) Man könnte auch den „Mitarbeiter des Monats" mit einer Urkunde auszeichnen oder ihn für eine Woche täglich mit der Cheflimousine zu Hause abholen lassen usw.
Dank	Auch über ein Dankeschön für besondere Leistungen wird sich jeder freuen. Eine nette Geste ist eine Karte mit einem Wort des Dankes, die man auf dem Schreibtisch aufstellen kann. Auch ein kleines Geschenk als Anerkennung ist oft angebracht. Und wenn dies sehr sorgfältig ausgewählt ist, hat es einen noch größeren Wert: Der eine liebt Schokolade, der andere Blumen, der nächste freut sich über Theaterkarten oder eine Einladung zum Essen mit ein paar Kollegen. Auch eine verlängerte Mittagspause wäre eine Möglichkeit oder, wenn die Familie eine große Rolle spielt, vielleicht ein paar Tage Sonderurlaub oder ein verlängertes Wochenende. Möglich ist eigentlich vieles, wenn man ein wenig nachdenkt.

Motivationsfaktor	Vorgeschlagene Belohnung
Geld	Eine Bonuszahlung oder eine kleine Provision wird jeder Mitarbeiter noch mehr zu schätzen wissen als ein Lob.
Status	Eine Beförderung ist eine Belohnung für langfristige Leistungen. Man kann aber z.B. einen Titel finden, den die Mitarbeiter für eindrucksvoller halten. Oder man kann gute Arbeit durch die Verantwortung für ein neues, prestigeträchtiges Projekt würdigen.
Freiheit	Viele Menschen, besonders die sehr kreativen oder etwas unorthodoxen Persönlichkeiten, legen besonderen Wert auf ihre persönliche Freiheit. Bei guter Leistung kann man ihnen einen Arbeitsplatz zu Hause oder ein anderes flexibles Arrangement anbieten. Oder übertragen Sie diesen Mitarbeitern Verantwortung, die ihnen häufiger Dienstreisen ermöglicht.
Verantwortung	Bieten Sie neue Verantwortungsbereiche an: „Sie haben Frau Fink so gut ins Team eingeführt, dass ich mir überlegt habe, Sie zu bitten, in Zukunft immer die Einarbeitung der neuen Mitarbeiter zu übernehmen. Hätten Sie Lust dazu?" Ein wichtiger Punkt: Wenn Sie etwas für die Zukunft versprechen, dann halten Sie sich auch daran, ohne dass man Sie daran erinnern muss.
Herausforderung	Einige Mitarbeiter reagieren auf Aussagen wie „Sie haben Projekt ABC so hervorragend erledigt. Hätten Sie nicht Lust, auch das Projekt XYZ im nächsten Monat zu übernehmen?" Oder: „Würden Sie gerne einen Logistikkurs belegen? Wenn wir demnächst wesentlich mehr Auslieferungsfahrzeuge haben, brauche ich jemanden, der alles überwacht. Nach ihrer bisherigen Arbeit zu urteilen, habe ich den Eindruck, das wäre etwas für Sie. Im nächsten Monat wird ein Kurs angeboten."

Belohnungen für das Team

Wenn das Team besonders gut arbeitet, muss man – wie bereits gesagt – alle belohnen. Damit unterstreicht man noch einmal die Bedeutung der Teamarbeit. Man kann z. B. am Freitag Nachmittag Kuchen für alle mitbringen oder alle gemeinsam ins Theater oder in ein nettes Restaurant einladen, wenn ein größeres Projekt erfolgreich abgeschlossen wurde.

Behandeln Sie alle gleich. Wenn Sie als Weihnachtsgeschenk eine Kiste Wein mitbringen, dann muss jeder eine Flasche erhalten. Wenn Sie dem dienstältesten Mitarbeiter auch nur eine Flasche mehr zukommen lassen, dann vermitteln Sie den Eindruck, als wären die anderen Mitarbeiter weniger wichtig. Bei dieser speziellen Belohnung sollte man den Unterschied berücksichtigen, ob man eine Kiste mit Weinflaschen hinstellt mit den Worten: „Die sind für alle, teilt sie euch" oder ob man jedem Mitarbeiter mit einem Wort des Dankes eine Flasche überreicht.

Spaß bei der Arbeit

Ein anderer wichtiger Punkt, den wir noch nicht erwähnt haben, ist der Spaß bei der Arbeit. Wer Spaß bei der Arbeit hat, ist produktiver und beständiger. Eine fröhliche, entspannte Atmosphäre sollte Ihr Ziel sein, und wenn gelacht wird, dann lachen Sie mit. Gute Stimmung erreicht man am besten durch freundschaftliche Wettkämpfe untereinander oder dadurch, dass das Team eigene Bestleistungen zu überbieten versucht. Natürlich muss es dabei locker zugehen, und wenn Mitarbeiter z. B. um Verkaufszahlen konkurrieren, sollte der Preis für den Sieger wirklich nur eine Kleinigkeit sein, damit kein Neid untereinander aufkommt, vielleicht eine Flasche Wein oder ein freier Montagmorgen.

Wenn zu viel Konkurrenz aufkommt, dann veranstalten Sie einen Wettbewerb, dessen Ergebnis nur vom Zufall abhängt, bei dem aber dennoch hart gearbeitet werden muss. Solche Wettbewerbe können großen Spaß machen. Angenommen, Sie zählen die Rückantworten auf ein Rundschreiben und jeden Morgen beim Öffnen der Post werden die neuesten Zahlen bekannt gegeben: „Es sieht gut aus – wir liegen bereits mit 25 Antworten über dem Rücklauf der letzten Aktion." Erhalten Sie die Spannung und fragen Sie jeden Morgen: „Wie sieht es aus? Wo liegen wir heute?" Man könnte auch den Tagesstand auf einer Tafel notieren und aushängen. Und wenn ein neuer Rekord erzielt wird, dann laden Sie alle zum Essen ein oder spendieren eine Flasche Sekt.

Belohnungen – einige Vorschläge

Hier einige Ideen für größere und kleinere Belohnungen, die dem Team Freude machen. Vielleicht sind nicht alle für Ihr Team geeignet. Aber bestimmt liefern sie Ihnen einige nützliche Anregungen:

◆ Kuchen für alle,
◆ Sekt nach der Arbeit,
◆ eine Einladung zum Essen,
◆ ein Ausflug, vielleicht ein Ausstellungsbesuch oder eine gemeinsame Bootspartie,
◆ Frühstücksbuffet im Büro,
◆ Verschönerung des Arbeitsplatzes,
◆ bequemere Sessel für den Konferenzraum,
◆ eine bessere Kaffeemaschine oder ein Getränkeautomat.

MOTIVIEREN IN BESONDEREN FÄLLEN

Bisher ging es immer um die Motivation in Alltagssituationen. Es gibt aber auch Umstände, unter denen es viel schwieriger wird, die Motivation aufrechtzuerhalten.

58

■ Wie motiviert man Aushilfs- und Teilzeitmitarbeiter?

Das ist überhaupt nicht so schwer wie viele Teamleiter denken. Behandeln Sie diese Mitarbeiter ganz einfach so wie Ihre Vollzeitmitarbeiter:

◆ Zahlen Sie Ihnen Teilzeitmitarbeitern dieselben Stundenlöhne wie Ihren anderen Mitarbeitern.
◆ Stellen Sie Ihrem Team die neuen Mitarbeiter vor. Sprechen Sie sie mit Namen an, vor allem, wenn andere Mitarbeiter es hören.

◆ Beachten Sie die Grundregeln zur Weitergabe von Informationen und zur Beteiligung an Entscheidungen.

◆ Integrieren Sie alle Mitarbeiter bei allen Aktivitäten des Teams und bei Teambelohnungen.

◆ Belohnen Sie Ihre Mitarbeiter durch individuelle Geschenke oder einen Bonus, wenn ihre Leistungen dies rechtfertigen.

◆ Wenn Sie selbst mit gutem Beispiel vorangehen, werden auch alle anderen Kollegen Ihre Aushilfs- und Teilzeitmitarbeiter mit dem gleichen Respekt behandeln.

■ Wie motiviert man ein Team mit Außendienstmitarbeitern?

Es ist nicht leicht, Teamgeist unter Menschen zu fördern, die sich praktisch nie sehen. Hierzu zählen Service-Ingenieure, Gebietsleiter oder Vertriebsleute, die ständig unterwegs sind. Einige Anhaltspunkte:

◆ Wichtig ist, dass Außendienstmitarbeiter sich regelmäßig treffen, möglichst wöchentlich, zumindest aber einmal pro Monat.

◆ Achten Sie darauf, mit allen Mitarbeitern regelmäßigen Kontakt zu halten, notfalls per Telefon. Rufen Sie auch ohne besonderen Anlass einfach einmal an, fragen Sie, ob etwas gebraucht wird, oder tauschen Sie Neuigkeiten aus.

◆ Fördern Sie auch den Kontakt untereinander. Wenn z. B. Frau Brauns anruft, weil sie in einer bestimmten Sache einen Rat braucht, und Sie wissen, dass Herr Gold sich damit bestens auskennt, dann schlagen Sie ihr vor, sich mit Herrn Gold in Verbindung zu setzen. So bleiben die Mitarbeiter nicht nur untereinander in Kontakt, sondern der gegenseitige Respekt für die Erfahrungen des anderen wird gefördert. Natürlich sollten nicht immer alle an Herrn Gold verwiesen werden, sonst leidet der Teamgeist. Bei passender Gelegenheit können Sie Herrn Gold dann darauf hinweisen, dass Frau Brauns einen bestimmten Kunden wesentlich besser kennt als Sie selbst und dass er Frau Brauns wegen des Kunden doch einmal ansprechen kann.

◆ Versuchen Sie die Kommunikation zu verbessern, beispielsweise mit einem Informationsblatt für das Team oder mit einem Schwarzen Brett, an dem immer die neuesten Informationen zu finden sind.

◆ Sorgen Sie für gemeinsame Aktivitäten: ein gemeinsames Essen oder ein Bier nach Feierabend.

◆ Das Team sollte möglichst als Gruppe an Schulungen teilnehmen.

◆ Falls ein oder zwei Mitarbeiter einen festen Arbeitsplatz haben und mit dem Rest des Teams ständig in Kontakt stehen, dann bitten Sie sie um die Mithilfe. Auch diese Mitarbeiter können den Zusammenhalt des Teams fördern, wenn sie die Zusammenarbeit untereinander im Blick behalten und Rückfragen nicht immer nur an Sie als den Vorgesetzten weiterleiten, sondern auch an den Kollegen im Außendienst, der einen Rat geben kann.

■ Wie motiviert man Mitarbeiter schwierige oder unpopuläre Entscheidungen zu akzeptieren?

Natürlich kann man Mitarbeiter dazu zwingen, sich mit Entscheidungen abzufinden, wenn man ihnen einfach keine Wahl lässt. Ob sie dann allerdings auch hinter diesen Entscheidungen stehen werden? Sie sollten deshalb versuchen, die Mitarbeiter von der Notwendigkeit dieser problematischen Entscheidung zu überzeugen und sie auf Ihre Seite zu bringen. Sie werden nach wie vor nicht glücklich mit Ihrer Entscheidung sein, die Gründe dafür aber einsehen und danach handeln – und genau das bedeutet Motivation. Gehen Sie folgendermaßen vor:

◆ Sobald Sie die Grundidee erläutert haben, fragen Sic die Mitarbeiter, wie sie darüber denken. Hören Sie gut zu und zeigen Sie das auch.

◆ Von der psychologischen Seite her gesehen sollten Sie deutlich machen, dass Ihnen die Bedenken der Mitarbeiter einleuchten: „Mir ist klar, dass Sie erheblich mehr Arbeitsaufwand hätten, wenn wir die Verkaufsaktivitäten auch auf die neuen Bundesländer ausdehnen."

◆ Lassen Sie erkennen, dass Sie wirklich zugehört haben, indem Sie auf Bedenken gezielt eingehen: „Diejenigen unter Ihnen, die im Außendienst arbeiten, wären noch viel mehr unterwegs und es bliebe noch weniger Zeit für die Familie, und diejenigen, die hier vor Ort arbeiten, hätten wesentlich mehr Verwaltungsarbeit zu erledigen."

◆ Bieten Sie notfalls einen Kompromiss an, damit die Mitarbeiter erkennen, dass Sie ihnen entgegenkommen: „Wir könnten die Verkaufsgebiete neu organisieren um die Entfernungen möglichst gering zu halten und wir könnten dafür sorgen, dass jeder alle zwei Wochen mindestens zwei Tage hintereinander hier im Büro arbeitet. Und was die Mehrarbeit in der Verwaltung anbelangt, so könnten wir vielleicht noch eine Teilzeitkraft einstellen."

◆ Liefern Sie treffende Argumente dafür, dass Ihre Entscheidung Vorteile bringt – vermeiden Sie dabei Bewertungen wie „besser": „Es ist wesentlich kostengünstiger, wenn wir den Vertrieb zentralisieren, und von hier aus lässt sich das am besten umsetzen. Außerdem können wir hier Informationen schneller sammeln und auswerten. Wir sind dann in der Lage flexibel auf einen wachsenden Markt zu reagieren." Letztendlich arbeiten Ihre Mitarbeiter nicht für Sie oder für Ihr Team, sondern sie arbeiten mit einem bestimmten Ziel. Die Aussage „Weil ich es so entschieden habe" oder „Das wäre unfair Herrn Nolte gegenüber" kann also niemals eine gute Begründung abgeben. „Wenn wir es nicht so durchführen, werden wir unsere Ziele, unsere Termine, unser Budget usw. nicht einhalten können" ist eine gültige Begründung.

■ Wie erhält man Motivation bei Stress?

Wenn man die Mitarbeiter um einen verstärkten Arbeitseinsatz bittet, kann das leicht missverstanden werden. Hier einige Anregungen, wie Sie Ihr Team motivieren können ohne den Mitarbeitern die Arbeitsfreude zu nehmen:

◆ Erklären Sie, warum Mehrarbeit notwendig wird. Sie können nicht davon ausgehen, dass alle Mitarbeiter das bereits wissen.

◆ Erkennen Sie an, unter welch erhöhtem Druck Ihre Mitarbeiter arbeiten. Das heißt nicht, dass Sie sich dafür entschuldigen müssen, aber Ihr Team soll erkennen, dass Sie die Arbeitssituation kennen.

◆ Arbeiten Sie genauso hart oder noch härter als Ihre Mitarbeiter und verlassen Sie abends als Letzter Ihren Arbeitsplatz.

◆ Achten Sie darauf, dass Sie nur um wirklich wichtige Dinge bitten: Niemand soll in seiner Mittagspause die Zeit für die Aktenablage herausarbeiten. In besonderen Situationen sollte man sich auch nur auf die wirklich dringenden Aufgaben beschränken.

◆ Falls Sie die Mitarbeiter um etwas bitten müssen, wozu sie keinesfalls verpflichtet sind – z. B. Arbeit am freien Samstag –, machen Sie es ihnen leicht, auch abzulehnen. Dann wird vermutlich eher das Gegenteil eintreten. Bitten Sie um einen Gefallen und seien Sie dankbar, wenn die Mitarbeiter zusagen und wissen, dass sie damit Pluspunkte sammeln. Wer Zwang ausübt, erntet Widerstand. Ihre Mitarbeiter denken, dass ihre Gefälligkeit nicht anerkannt wird.

◆ Sorgen Sie für eine entspannte und freundliche Atmosphäre. Nur weil alle unter Stress zu leiden haben, darf der Humor nicht verloren gehen.

Zusammenfassung

■ Jeder Mensch reagiert auf andere Motivationsfaktoren. Finden Sie sie für jeden Mitarbeiter heraus.

■ Die Motivation hängt von Ihrem Verhalten ab:
- Reagieren Sie auf Fehler positiv und fair!
- Stehen Sie zu Ihren Aussagen!
- Verhalten Sie sich positiv!
- Seien Sie nett!
- Seien Sie höflich!
- Seien Sie großzügig!

■ Motivieren Sie Ihr Team und auch jeden Mitarbeiter individuell.

■ Teamgeist können Sie aufbauen.
- Verringern Sie Reibungspunkte!
- Verhalten Sie sich fair!
- Passen Sie Belohnungen der Leistung an!
- Belohnen Sie das ganze Team für gemeinsame Erfolge!
- Ermuntern Sie die Mitarbeiter sich gegenseitig zu unterstützen!
- Schicken Sie das Team zu gemeinsamen Schulungen!
- Geben Sie unterschiedlichen Menschen verschiedene Projekte!
- Geben Sie vertrauliche Informationen an das Team weiter!
- Behandeln Sie jeden Mitarbeiter als vollwertiges Mitglied des Teams!

■ Belohnen Sie die einzelnen Mitarbeiter ihren persönlichen Interessen entsprechend. Sorgen Sie dafür, dass alle Mitarbeiter Spaß an ihrer Arbeit haben.

Menschliche Probleme

WORUM ES GEHT:

Es gibt Menschen, mit denen die Zusammenarbeit nicht immer ganz einfach ist. Wie man mit ihnen am besten umgeht, wollen wir uns im folgenden Kapitel ansehen.

Die meisten Menschen sind ja nicht von Natur aus schwierig, sondern Sie geraten in schwierige Situationen und reagieren darauf. Die Arbeit kann darunter leiden, wenn persönliche Probleme jemandem zu schaffen machen oder weil jemand nicht gut mit Stress umgehen kann. Wenn Sie das nicht beachten, kann das individuelle Problem leicht zum Problem der anderen Kollegen werden und die Leistung des gesamten Teams beeinflussen.

In diesem Kapitel geht es um folgende Themen:

Wie erkennt man, dass ein Mitarbeiter persönliche Probleme hat?

Wie kann man ihm helfen und wie geht man selbst mit den Problemen um?

Wie kann man einzelnen Mitarbeitern in Stresssituationen helfen?

Den Umgang mit Stress, unter dem das gesamte Team steht, Teams behandeln wir in Kapitel 5.

DAS PROBLEM ERKENNEN

Einer Ihrer sonst pünktlichen Mitarbeiter kommt plötzlich jeden Morgen zu spät. Woran kann das Ihrer Meinung nach liegen? Hier einige Möglichkeiten:

◆ Er fühlt sich in letzter Zeit überfordert und es fällt ihm immer schwerer morgens pünktlich aufzustehen.

◆ Der Busfahrplan hat sich geändert und der Mitarbeiter hat sich noch nicht an die neuen Abfahrtszeiten gewöhnt.

◆ Er ist noch nie gern früh aufgestanden, und da er in letzter Zeit immer gut gearbeitet hat, meint er, ruhig auch einmal etwas später kommen zu können.

◆ Seine Frau hat ihn verlassen und er muss nun morgens die Kinder zur Schule bringen.

◆ Auf dem Weg zur Arbeit gibt es eine Baustelle und man kann nie einschätzen, wie lange man im Stau steht.

Einige dieser Ursachen sind leicht zu beheben. Bei den Punkten 2, 3 und 5 könnte man z. B. argumentieren, dass der Mitarbeiter einfach nur etwas früher aufstehen, sich an den Busfahrplan halten oder den Stau einkalkulieren sollte.

Die Punkte 1 und 4 sind nicht so einfach zu lösen. Hier braucht der Mitarbeiter vielleicht Ihre Unterstützung oder zumindest Ihr Verständnis.

Aber tatsächlich wissen Sie ja noch nicht, wo die Ursachen liegen. Sie bemerken nur, dass der Mitarbeiter nach wie vor zu spät zur Arbeit kommt. Neben den oben angeführten Gründen können daran ja noch viele andere Ursachen schuld sein und die Tatsache, dass jemand regelmäßig zu spät kommt, kann man ihm dann nicht unbedingt auf die gewohnte Weise zum Vorwurf machen. Vielleicht quälen den Mitarbeiter persönliche Probleme, über die Sie mit ihm sprechen sollten? Seine Verspätung ist nur ein Symptom – die Ursache liegt ganz woanders.

Es gibt zahlreiche Verhaltensweisen, die dem Mitarbeiter als Faulheit, Unachtsamkeit oder negative Einstellung ausgelegt werden, die aber durchaus ihre Ursache in persönlichen Problemen haben können, die der Mitarbeiter nur begrenzt oder überhaupt nicht beeinflussen kann. Hierfür wieder einige Beispiele:

◆ die Produktivität lässt nach,

◆ Termine werden nicht eingehalten,

◆ häufige Abwesenheit,
◆ schlechte Laune, leicht erregbar,
◆ Mangel an Engagement,
◆ schlampige Arbeit,
◆ negative Einstellung,
◆ Zeitvergeudung,
◆ wenig Kommunikation mit anderen,
◆ distanziertes und schweigsames Verhalten.

Vielleicht werden Sie sagen, dass manche Leute von Natur aus nicht sehr engagiert oder nicht sehr gesprächig sind; dann muss ein solches Verhalten nicht unbedingt etwas bedeuten. Das stimmt und führt uns auch gleich zu der nächsten Frage: Wie stellt man fest, ob ein Mitarbeiter Probleme hat, bei deren Lösung man ihm helfen kann?

Die Warnsignale

Die meisten Menschen hängen persönliche Probleme nicht gleich an die große Glocke. Wenn das der Fall wäre, hätte man es wesentlich leichter. So muss man selbst ein Gespür dafür entwickeln.

Es gibt Mitarbeiter, die von Natur aus oft zu spät kommen, nicht sehr gesprächig oder immer nervös und fahrig sind. Wann muss man ein derartiges Verhalten als Hinweis auf ein Problem erkennen und wann hat das nichts zu bedeuten? Der wichtigste Hinweis ist ein *verändertes* Verhalten. Es muss Ihnen auffallen, wenn ein sonst gewissenhafter Mitarbeiter plötzlich schlampig arbeitet oder wenn ein sonst immer optimistischer Mitarbeiter auf einmal alles schwarz malt.

Es gibt Fälle, in denen einem ein solch verändertes Verhalten sofort auffällt und man auch weiß, woran das liegt. Möglicherweise wurden Arbeitsprozesse verändert und der Mitarbeiter braucht eine gewisse Eingewöhnungzeit um seine gewohnte Produktivität wieder zu erreichen. Vielleicht ist jemand auch nur stiller und distanzierter, weil er sich voll und ganz auf eine besonders schwierige Arbeit konzentrieren muss und keine Zeit hat für ein Schwätzchen unter Kollegen oder ein Bier nach Feierabend. Seien Sie mit Ihren Vermutungen vorsichtig! Im Zweifelsfalle sollten Sie davon ausgehen, dass ein persönliches Problem vorliegt, und sich dementsprechend verhalten, bis Sie sicher sein können, dass alles in Ordnung ist.

Vielleicht hören Sie auch über Dritte, dass jemand Probleme hat. Das hat nichts mit Tratsch zu tun. Ein besorgter Kollege erzählt Ihnen von den Schwierigkeiten eines Anderen, weil er hofft, dass Sie dem Kollegen helfen. In diesem Falle müssen Sie unbedingt Vertraulichkeit wahren. Am besten, Sie achten nun selbst auf Anzeichen bei dem betroffenen Mitarbeiter. Sollte die Ihnen zugetragene Information nämlich nicht stimmen, geraten Sie in eine peinliche Situation, wenn Sie den Mitarbeiter direkt auf mutmaßliche Probleme ansprechen: „Ich habe gehört, Ihre Mutter ist schwer krank?" – „O nein, meine Eltern sind auf einer Kreuzfahrt in der Karibik. Wer hat Ihnen denn das erzählt?"

■ Warum soll man sich überhaupt einmischen?

Vielleicht fragen Sie sich, was die persönlichen Probleme Ihrer Mitarbeiter mit Ihnen zu tun haben. Sollte man sich da nicht besser heraushalten? Was kümmert Sie das Privatleben Ihrer Mitarbeiter? Jeder sollte doch darauf achten, dass er Privatleben und Arbeit trennt.

Natürlich geht Sie das Privatleben Ihrer Mitarbeiter nichts an. Nichts – auch keine schwachen Leistungen bei der Arbeit – gibt Ihnen das Recht, sich in Dinge einzumischen, über die ein Mitarbeiter nicht mit Ihnen sprechen möchte. Aber nur allzu oft ist ja das Gegenteil der Fall und die Mitarbeiter sind froh, wenn sie sich bei jemandem aussprechen können. Vielleicht zögern sie, weil sie zu stolz sind oder meinen, Sie hätten keine Zeit für solche Dinge und Sie könne man damit nicht belasten.

Ihre Mitarbeiter werden bald bemerken, dass sich ihr privates Problem auf die Arbeit und ihr Verhalten auswirkt und dankbar sein, einmal mit jemandem darüber offen sprechen zu können. Vielleicht ist das Problem sogar nur mit Ihrer Hilfe zu lösen, weil Sie es z. B. genehmigen müssen, dass der Mitarbeiter eine halbe Stunde später anfängt, bis er jemanden gefunden hat, der seine Kinder zur Schule bringt?

Es liegt in Ihrem eigenen Interesse und im Interesse Ihrer Mitarbeiter, derartige Probleme schnell zu lösen. Sonst kann

◆ die Produktivität des gesamten Teams darunter leiden
◆ die Stimmung des ganzen Teams beeinträchtigt werden

◆ dem betroffenen Mitarbeiter leicht ein Fehler unterlaufen, weil er so mit seinen persönlichen Problemen beschäftigt ist, dass er sich nicht mehr auf die Arbeit konzentrieren kann

◆ die Situation nur noch schlimmer werden. Oft entwickeln sich diese Mitarbeiter zu launischen, nervösen und reizbaren Menschen oder sie werden still und ziehen sich zurück.

All dies ist natürlich weder im Interesse der betroffenen Mitarbeiter und des Teams noch im Sinne der Arbeit, die getan werden muss. Vielleicht scheint Ihnen diese Liste möglicher Folgen zu extrem. Viele scheinbar kleine Probleme können aber verhängnisvoll werden, wenn man sie nicht beachtet. Deshalb ist es auch ganz wichtig Probleme rechtzeitig zu besprechen, bevor sie aus dem Ruder zu laufen drohen.

WIE GEHT MAN MIT EINEM PERSÖNLICHEN PROBLEM UM?

Herr Freund kommt also seit einiger Zeit zwei- bis dreimal pro Woche zu spät zur Arbeit. Nicht wesentlich zu spät – aber eigentlich ist das nicht seine Art. Als sensiblem Vorgesetzten ist Ihnen aufgefallen, dass es sich dabei bestimmt nicht nur um pure Unlust handelt, sondern dass ein anderes Problem dahinter stecken könnte.

Sie beobachten Herrn Freund und haben den Eindruck, dass er irgendwie zerstreuter wirkt als sonst und sich nicht so engagiert wie üblich. Vermutlich stimmt also wirklich etwas nicht. Was können Sie tun?

Genau an diesem Punkt wissen viele Vorgesetzte nicht so recht weiter. Sie sind Vorgesetzte, weil sie organisieren, Ziele setzen, Menschen motivieren können usw. und sie haben sich auch in dieser Richtung weitergebildet. Nun sollen Sie plötzlich zum Seelenbeistand und Berater werden.

Das ist leichter zu lernen, als man denkt, und man sollte vor allen Dingen wissen, welche Verhaltensweisen man auf jeden Fall vermeiden muss, um wirklich zu helfen und keinen Schaden anzurichten. Wenn Sie also die gröbsten Fehler vermeiden – über die wir gleich noch sprechen werden –, können Sie eigentlich gar nicht so viel falsch machen.

■ Einen Rat geben

Sie wollen mit dem betroffenen Mitarbeiter sprechen und eine Lösung für sein Problem finden. Das ist alles. Allerdings sind dabei ein paar Grundregeln zu beachten, damit der Mitarbeiter überhaupt mit Ihnen sprechen wird und Ihr Rat am Ende auch hilft.

Der richtige Augenblick

Wenn Sie sich auf jemanden stürzen, der gerade eine wichtige Arbeit erledigen muss und von Kollegen umringt wird, und sagen: „Sie sehen so unglücklich aus, wo liegt Ihr Problem?", werden Sie wohl kaum eine Antwort erhalten. Das ist natürlich ein sehr extremes Beispiel. Es zeigt allerdings die große Bedeutung einer entspannten und diskreten Atmosphäre für ein persönliches Gespräch.

Hier die wichtigsten Punkte, die dabei zu beachten sind:

◆ Sorgen Sie dafür, dass Sie und Ihr Gesprächspartner sich für mindestens eine halbe Stunde ungestört zurückziehen können.

◆ Sorgen Sie für eine diskrete Umgebung.

◆ Lassen Sie keinerlei Störung zu. Ziehen Sie sich notfalls in einen Raum zurück, wo Sie niemand findet, oder machen Sie einen gemeinsamen Spaziergang. Wenn Sie sich durch Ihre Sekretärin oder durch dringende Telefonate unterbrechen lassen, gewinnt der Mitarbeiter den Eindruck, dass Ihnen sein Problem doch nicht so wichtig ist.

◆ Ordnen Sie die Möbel so an, dass eine entspannte und gemütliche Atmospäre aufkommen kann. Niemand wird über den Schreibtisch hinweg frei und offen mit Ihnen sprechen. Noch schlechter ist es, wenn Sie stehen und Ihr Gesprächspartner auf einem unbequemen Bürostuhl sitzt und zu Ihnen aufschauen muss. Ideal wäre eine bequeme Sitzecke mit einem kleinen Tisch.

◆ Bieten Sie zunächst eine Tasse Kaffee oder Tee an. Das schafft nicht nur eine entspannte Atmosphäre, sondern wirkt auch als freundliche Geste. Herr Freund (aus dem Beispiel oben) hat sich bestimmt schon seit Tagen gefragt, wann Sie ihn endlich auf seine Unpünktlichkeit ansprechen werden, und nun können Sie signalisieren, dass er sich entspannen kann und dass Sie ihm keine Standpauke halten werden, sondern dass sie wie ein Kollege mit ihm sprechen möchten.

Das Problem besprechen

Nun sitzen Sie also mit Ihrem Mitarbeiter zusammen, aber wie beginnen Sie das Gespräch? Am besten kommen Sie auf die für Sie erkennbaren Anzeichen zu sprechen und lassen durchblicken, dass dies vielleicht an einem Problem liegen könnte, das Sie noch nicht kennen: „Herr Freund, mir ist aufgefallen, dass Sie in letzter Zeit später als sonst zur Arbeit kommen. Können Sie mir sagen, woran das liegt?"

Hier werden Sie erfahren, ob Herr Freund einfach nicht genug Zeit für den Stau einkalkuliert oder ob es andere Gründe gibt. Vielleicht muss sich Herr Freund auch nur auf eine besonders komplizierte Arbeit konzentrieren und ist deshalb so still. Sie können nun darum bitten, morgens einfach etwas früher loszufahren oder Ihnen über den Fortgang seines derzeitigen Projektes zu berichten.

Vielleicht bestätigen sich aber auch Ihre Vermutungen und es gibt ein ernstes Problem. Herr Freund kommt vielleicht nicht sofort auf das Problem zu sprechen. Ein totales Schweigen ist ein Zeichen dafür, dass sein Problem keine Bagatelle ist und dass er Hilfe braucht.

In diesem Falle müssen Sie Herrn Freund helfen Vertrauen zu Ihnen zu finden. Sagen Sie etwa: „Ich frage mich, ob es ein Problem gibt, von dem ich nichts weiß. Wenn Sie mir einen Tipp geben, kann ich Ihnen vielleicht helfen."

Wenn Herr Freund nicht gleich antwortet, sind Sie leicht versucht, das Schweigen zu brechen und etwas zu sagen. Aber es ist nun an ihm zu sprechen. Warten Sie einfach ab. Falls er weiterhin schweigt und unglücklich aussieht, sagen Sie nur: „Das ist in Ordnung, wir haben Zeit. Lassen Sie sich nicht drängen." Sagen Sie dann nichts mehr. Das Schweigen muss niemandem peinlich sein, denn Sie sind ja unter sich.

Sobald Herr Freund sich sicher ist, dass Sie ihm wirklich helfen wollen, wird er früher oder später zu sprechen beginnen. Wenn er Ihnen dann vielleicht erzählt, dass seine Partnerin ihn verlassen hat und dass er sich um die Kinder kümmern muss, dann achten Sie darauf, dass Ihr Gespräch folgende Stadien durchläuft:

① **Zeigen Sie Mitgefühl**
Zeigen Sie Verständnis für sein Verhalten, denn in seinem Innersten fürchtet sich Ihr Mitarbeiter davor, dass Sie sagen könnten: „Das ist alles? Und daraus machen Sie so ein Problem?" Möglicherweise kommt Ihnen das Problem wirklich nicht so gewichtig vor. Aber Sie müssen auf die Gefühle

Ihres Mitarbeiters Rücksicht nehmen, denn dieser ist ja offensichtlich davon betroffen und Ihre persönliche Einstellung spielt in diesem Fall keine Rolle. Sie könnten so reagieren: „Kein Wunder, dass das schwer für Sie ist" oder „Das muss ja eine enorme Belastung für Sie sein". Um jemanden aufzubauen, kann man sagen: „Ich bin überrascht, wie gut Sie das alles bewältigen". Auf keinen Fall sollte man so plumpe Aussagen machen wie „Ich verstehe, wie Sie sich fühlen". Denn man versteht es nicht und der andere weiß das auch. Es gibt Menschen, die man damit sehr kränken oder auch verärgern kann. Deshalb sollte man lieber vorsichtig sein und nichts dergleichen sagen, es sei denn, der Betroffene fragt direkt: „Sie verstehen das doch, nicht wahr?" Sie könnten zu Herrn Freund auch sagen: „Ich verstehe sehr gut, meine Frau hat mich vor fünf Jahren verlassen. Ich weiß, was Sie jetzt durchmachen." Für Herrn Freund kann die Situation dennoch ganz anders aussehen. Sie wissen nicht, ob sich die Umstände wirklich gleichen und ob er die gleichen Gefühle für seine Partnerin aufbrachte wie Sie für Ihre Frau. In jedem Falle sind Sie verschiedene Menschen. Herr Freund frisst vielleicht mehr in sich hinein, während Sie ganz anders reagieren. Um es noch einmal zu wiederholen: Jeder Mensch ist anders und niemand *versteht* genau, was in einem anderen Menschen vorgeht. Natürlich möchte man nur helfen, aber bei vielen Menschen wird eine Aussage wie „Ich verstehe das gut" nur auf Ablehnung stoßen: „Gar nichts verstehen Sie!"

2. Ermuntern Sie den Mitarbeiter zum Sprechen

Stellen Sie offene Fragen! Das sind Fragen, die mit „Wie", „Was" oder „Warum" beginnen und daher eine Antwort herausfordern. „Warum" kann allerdings sehr direkt oder aufdringlich wirken, eine Umschreibung wäre besser: „Was ist der Grund … ?" oder „Wie kommen Sie darauf … ?" Es ist ganz wichtig, auf die Gefühle zu sprechen zu kommen, denn die sind meistens die Ursachen für Probleme: Herrn Freunds Verspätung hat vielleicht praktische *Gründe*, die *Ursachen* liegen jedoch im emotionalen Bereich. Deshalb fragen Sie ihn, wie er sich fühlt. Informieren Sie sich zunächst und stellen Sie Fragen, bevor Sie Kommentare abgeben.

Auch Ihre Körpersprache kann den Gesprächspartner zum Sprechen ermuntern:

– Zeigen Sie, dass Ihre Aufmerksamkeit ganz auf den Gesprächspartner konzentriert ist.
– Sehen Sie ihm in die Augen.
– Machen Sie zustimmende Gesten und Laute.

– Sitzen Sie entspannt.
– Lehnen Sie sich leicht nach vorne; das signalisiert Ihre volle Aufmerksamkeit.

Fassen Sie die Kernaussagen zusammen: „Das Problem liegt also darin, dass Sie nun morgens Ihre Kinder zur Schule bringen müssen." Niemand gibt gerne allzu viel von sich preis, schon gar nicht dem Chef gegenüber, weil das vielleicht Schwäche oder mangelnde Arbeitsbereitschaft beweist. Bei Gelegenheit können Sie sich mit Ihrem Mitarbeiter auf eine Stufe stellen: „Dieser Fehler passiert mir auch immer" oder „Ja, genau das ist auch bei mir so ein Schwachpunkt". Sie sollen hier nichts erfinden, sondern einfach nur ehrlich sein, wenn sich die Gelegenheit bietet.

Wenn man jemanden zum Sprechen bringen möchte, sollte man sich vor allen Dingen kein Urteil erlauben, denn dann wird sich der Gesprächspartner sofort zurückziehen. Ihre private Meinung tut hier nichts zur Sache. Wenn sich z. B. herausstellt, dass Herrn Freunds Frau ihn verlassen hat, weil er eine Menge Affären hatte, ist es nicht an Ihnen zu sagen: „Da sind Sie ja selber schuld." Ihr Ziel ist es, Herrn Freunds Problem so zu lösen, dass seine Arbeitsleistung wieder uneingeschränkt zur Verfügung steht und die Stimmung im Team nicht gestört wird. Dieses Ziel erreichen Sie nicht, wenn Sie über sein Verhalten urteilen.

③ Prüfen Sie die Möglichkeiten, die zur Verfügung stehen

Sobald Herr Freund sich ausgesprochen hat und Sie alle Informationen haben, müssen Sie das Gespräch eine Stufe weiterbringen. Natürlich gibt es keine vorgegebene Zeit für Gespräche unter vier Augen, aber normalerweise dauert es zwischen einer halben und einer ganzen Stunde. Wenn ein vertrauliches Gespräch wesentlich länger dauert, dann sind Sie vielleicht doch irgendwo vom Thema abgekommen. Nach 15 bis 30 Minuten sollte man also zu dem Punkt kommen, wo man nach möglichen Lösungen sucht. Es geht hier nicht um vage Ratschläge. Der Betroffene soll selbst so viele Lösungsvorschläge wie möglich vorbringen, denn es geht ja um sein persönliches Problem.

Sagen Sie also: „Welche Möglichkeiten sehen Sie?" oder „Wie könnte man denn Ihrer Meinung nach das Problem lösen?" Sie können vielleicht einen hilfreichen Kommentar einwerfen, aber auf keinen Fall sollten Sie Ihre Meinung dazu äußern. Lassen Sie Herrn Freund also nicht wissen, welche Idee Sie für gut oder für schlecht halten. Es geht nur darum, sämtliche Möglichkeiten gegeneinander abzuwägen. „Sie könnten eine halbe Stunde später kommen, bis das Problem gelöst ist und mittags oder abends die halbe Stunde anhängen." Damit haben Sie keine Meinung geäußert, sondern Sie haben lediglich eine Feststellung getroffen. Sie denken vielleicht, für Herrn Freund wäre es besser ein Kindermädchen zu beschäftigen, das die Kinder zur Schule bringt, oder seine Affären aufzugeben und sich wieder mit seiner Frau zu versöhnen. Aber um Ihre persönliche Meinung geht es hier nicht.

Schließlich sollten so viele Lösungsvorschläge wie möglich vorliegen und die meisten, die Herrn Freunds private Situation betreffen, sollten auch von ihm selbst gekommen sein: "Ich könnte in der Schule fragen, ob andere Eltern den gleichen Schulweg fahren und meine Kinder mitnehmen können." Sie sollten dann weitere praktikable Möglichkeiten, die Herrn Freund nicht eingefallen sind oder einfallen konnten, ergänzen: "Es gibt in unserem Hause einen Mitarbeiter-Beratungsdienst, an den Sie sich einmal wenden könnten."

Eine Lösung finden

Der Betroffene soll selbst die Lösung für sein Problem finden. Das kann ihm niemand aus der Hand nehmen. Wer sich zu einer Lösung genötigt fühlt, wird damit nicht glücklich sein und sie auf Dauer nicht akzeptieren. Wenn jemand unter Stress steht und empfindlich ist, wird es schwer für ihn Nein zu sagen. Dann wird es einfacher als Sie denken, den Mitarbeiter zu einer Lösung zu drängen, die Sie vorziehen.

Wer einem anderen Rat anbietet, bietet auch an, dessen Problem zu „übernehmen". Man überträgt Ihnen das Problem und Sie lösen es dann. Das bedeutet, dass Sie sowohl die Verantwortung für das Problem als auch für seine Lösung übernehmen. Und wenn etwas schief geht, ist das auch Ihre Sache. Der betroffenen Person ist es gleichgültig, ob Ihre Lösung funktioniert oder nicht, denn Sie haben ja die Verantwortung dafür übernommen. Daran sieht man, wie schwierig ein solches Beratungsgespräch ist, denn der betroffene Gesprächspartner wird vielleicht höflich eine Lösung akzeptieren, von der er gar nichts hält. Außerdem möchte niemand seinem „Chef" widersprechen.

Es versteht sich deshalb von selbst, dass Sie eine Lösung, die der Mitarbeiter für sich selbst gewählt hat, ohne weitere Diskussion akzeptieren. Lösungen, die nicht realisierbar waren, haben Sie zu einem früheren Zeitpunkt ja ohnehin bereits verworfen: "Ich fürchte, einen bezahlten Urlaub von sechs

Monaten werden wir Ihnen nicht gewähren können." Die Lösungen, die am Ende übrig bleiben, sind also umsetzbar. Deshalb stimmen Sie dem Vorschlag des Mitarbeiters zu und überlegen, wie es weitergehen soll. Wenn Herr Freund z. B. einige Wochen lang morgens später zur Arbeit kommen möchte, stimmen Sie mit ihm ab, für wie lange diese Regelung gelten soll. Dann legen Sie auch einen neuen Gesprächstermin für eine Schlussbesprechung kurz vor Ende der befristeten Regelung fest.

Am Ende des Gespräches sollten Sie deutlich machen, dass Herr Freund jederzeit wieder zu Ihnen kommen kann, wenn er mit Ihnen sprechen möchte, wenn es neue Entwicklungen oder neue Probleme gibt.

■ Was Sie bei einem Gespräch unter vier Augen tun und lassen sollten

Hier nochmals zusammenfassend das, was zu beachten ist, wenn man mit einem Mitarbeiter über persönliche Probleme, die das Arbeitsleben beeinflussen, reden möchte:

1. **Die richtige Gesprächsatmosphäre**
– Diskretion,
– keine Störungen,
– ohne Anspannung.

2. **Das Problem besprechen**
Gehen Sie auf die Gefühle des Betroffenen ein!
– Zeigen Sie, dass Sie ihn ernst nehmen.
– Fördern Sie seinen Respekt vor sich selbst.

Ermutigen Sie ihn zum Sprechen!
– Stellen Sie offene Fragen.
– Zeigen Sie, dass Sie wirklich zuhören.
– Fassen Sie die Hauptpunkte zusammen.
– Geben Sie eigene Schwächen zu.

Prüfen Sie die Lösungsmöglichkeiten:
– Alle Möglichkeiten nennen.
– Nur Fakten, keine Meinungen anbieten.
– Möglichkeiten, die der Betroffene nicht sieht, ergänzen.

73

3. **Die Lösung finden**

Lassen Sie den Betroffenen selbst die Lösung finden.
– Unterstützen Sie seine Entscheidung.
– Vereinbaren Sie die Vorgehensweise.
– Setzen Sie einen Termin, an dem Sie nochmals darüber sprechen.
– Lassen Sie den Mitarbeiter wissen, dass er jederzeit zu Ihnen kommen kann.

Die folgenden Fehler sollte man unbedingt vermeiden:
◆ Versuchen Sie nicht, Schweigen „künstlich" zu überbrücken.
◆ Sagen Sie nicht „Ich verstehe".
◆ Erlauben Sie sich kein Urteil.
◆ Erteilen Sie keine Ratschläge.

DER UMGANG MIT STRESS

Bestimmte Arten des Stresses sind gesund; man bezeichnet sie als positiven Stress. Einige Menschen arbeiten besser unter Druck und empfinden ihre Arbeit dann als spannend. Wenn alles zu leicht geht und es keine Herausforderungen und Termine gibt, wird die Arbeit langweilig. Allerdings gibt es auch den negativen Stress – zu viel Anspannung –, der kontraproduktiv, ungesund und sogar gefährlich werden kann. Einige Millionen Arbeitstage gehen in Europa jährlich allein durch arbeitsbedingten Stress verloren. In extremen Fällen kann Stress sogar zu ernsthaften Erkrankungen, u. a. zu einem Herzinfarkt, führen. Deshalb sollten Sie sichergehen, dass kein Mitarbeiter in Ihrem Team unter Stress leidet.

■ Die Anzeichen erkennen

Die Anzeichen hängen zusammen mit der Intensität von Stress. Auf folgende Warnsignale sollten Sie achten:

◆ Ein Mitarbeiter nimmt regelmäßig Arbeit mit nach Hause.
◆ Ein Mitarbeiter macht keinen Urlaub.

Menschen, die unter diesen Symptomen leiden, neigen dazu, immer mehr und immer höhere Leistungen von sich selbst zu fordern. Zu Anfang macht ihnen der Druck, unter den sie sich selbst setzen, noch Spaß. Aber früher oder später wächst ihnen alles über den Kopf und sie können nicht mehr zurück zu einem normalen Achtstundentag, da sie dann natürlich nicht mehr so viel leisten können wie sie es sich inzwischen schuldig sind. Allerdings machen sich diese Menschen oft nicht klar, dass ihre Leistungsfähigkeit durch den wachsenden Stress ohnehin nachlässt.

Wenn hier nichts unternommen wird, kann es zu folgenden Symptomen kommen:

◆ Müdigkeit,
◆ Reizbarkeit,
◆ Kritiksucht,
◆ Panik und Hektik bei der Arbeit,
◆ mangelnde Konzentration,
◆ schlechtes Gedächtnis,
◆ Kopf- und Rückenschmerzen.

Es gibt Menschen, die anfälliger für Stress sind als andere. Genau wie bei persönlichen Problemen, die die Arbeit beeinträchtigen können, muss man also auch hier besonders auf ein verändertes Verhalten achten.

In einem fortgeschrittenen Stadium machen sich die folgenden Anzeichen bemerkbar:

◆ Erschöpfungszustände,
◆ Apathie,
◆ Mangel an Einsatzbereitschaft,
◆ Unlust,
◆ Anfälligkeit für kursierende Erkrankungen,
◆ plötzliche Wutausbrüche oder Zittern.

▆ Die Gründe herausfinden

Sobald Ihnen auffällt, dass ein Mitarbeiter in Ihrem Team unter Stress leidet, sollten Sie versuchen herauszufinden, warum es zum Stress kommt. Wenn Sie das herausfinden können, bevor Sie mit ihm darüber sprechen, können Sie sich bereits Lösungsvorschläge überlegen.

Nachstehend die Hauptursachen für Stress bei der Arbeit. Prüfen Sie, welche Ursachen bei dem betroffenen Mitarbeiter in Frage kommen:

◆ zu viele oder zu knappe Termine,
◆ ständige Unterbrechungen, sodass keine Arbeit zu Ende geführt werden kann,
◆ schwache Leistung,
◆ ständig Überstunden,
◆ zu viel Arbeit,
◆ keine Prioritäten,
◆ arbeitet von anderen isoliert,
◆ schlechtes Verhältnis zu anderen,
◆ Unsicherheit oder Angst vor Entlassung,
◆ innere Konflikte (Arbeit und Privatleben schlecht vereinbar, die Leistungsfähigkeit deckt sich nicht mit den Anforderungen des Arbeitgebers).

Dies sind die gängigsten Ursachen für arbeitsbedingten Stress, die Liste ist aber noch nicht vollständig. Es kann Situationen geben, die mit der Arbeit im Team zusammenhängen. Auch diese müssen berücksichtigt werden.

■ Lösungen finden

Stress beeinträchtigt die Menschen genauso wie die persönlichen Probleme, über die wir vorher gesprochen haben. Deshalb sollten Sie auch ähnlich damit umgehen. Möglicherweise verursacht der Stress sogar persönliche Probleme. Wenn man für das Stressverhalten eines Mitarbeiters keine Erklärung findet, ist der Grund dafür vielleicht nicht in seiner Arbeit zu suchen, sondern eher im Privatleben. In jedem Falle sollten Sie auch dann ein Gespräch mit dem Mitarbeiter führen. Wenn Sie dabei erfahren, dass der Stress arbeitsbedingt ist, fragen Sie, worin nach Meinung des Mitarbeiters die Gründe dafür liegen, bevor Sie Ihre eigene Meinung äußern. Nur wenn der Mitarbeiter unsicher ist oder Sie den Eindruck haben, dass er die wirklichen Gründe nicht richtig erkennt, sollten Sie ihm Ihre Meinung dazu *anbieten*. Vermeiden Sie auf jeden Fall Aussagen wie „Ich werde Ihnen einmal sagen, was meiner Meinung nach los ist …", sondern fragen Sie: „Könnte das möglicherweise damit zusammenhängen, dass …?"

Sobald die Ursache des Problems deutlich wird, sollten Sie eine Lösung dafür anstreben. Hier ist die Vorgehensweise ein wenig anders als bei einem

Gespräch über persönliche Probleme, denn es handelt sich hier um ein praktisches Problem und nicht um ein emotionales. Deshalb müssen Sie auch nach einer praktischen Lösung suchen. Das Problem aus dem Arbeitsleben kann allerdings auch wieder emotionale Auswirkungen haben. Diese Folgen sollten Sie berücksichtigen.

Auch hier muss der Betroffene voll und ganz hinter der vorgeschlagenen Lösung stehen, denn sonst wird sie nicht helfen. Es ist jedoch sehr wahrscheinlich, dass bereits Ihr Versprechen, die Ursachen des Stresses schnellstens zu beseitigen, seine Wirkung auf den Arbeitnehmer nicht verfehlt, dass er sich gleich wohler fühlen und dies auch anhalten wird. Allerdings kann man die Ursachen für Stress nicht immer einfach beseitigen. Aber eine gewisse Verbesserung ist fast immer möglich. In der Tabelle werden einige Stressfaktoren und mögliche Lösungen aufgeführt.

Stressfaktor	Lösungen
Termine	Sehen Sie sich die Arbeitsauslastung des Mitarbeiters an um festzustellen, ob unrealistische Terminvorgaben bestehen. In diesem Falle sollten Sie entweder die Zeitpläne ändern oder die Arbeitsauslastung etwas reduzieren. Wenn die Termine realistisch sind, sprechen Sie mit dem Mitarbeiter. Bestimmte Kontrolltermine können dazu beitragen, dass der Mitarbeiter nicht allzu sehr in Rückstand gerät. Statt „Ich brauche diesen Bericht bis Freitag" sagen Sie besser: „Ich hätte gerne eine Zusammenfassung des Berichtes bis Mittwoch und den ersten Gesamtentwurf bis Donnerstag. Dann kann der Bericht bis Freitag fertig vorliegen." Auch eine Schulung zum Thema Zeitmanagement kann für den Betroffenen nützlich sein.
Unterbrechungen	Sprechen Sie darüber, wie häufige Unterbrechungen vermieden werden können. Vielleicht kann der Mitarbeiter schlecht Nein sagen. Mehr Selbstbewusstsein und ein Training zum Thema Zeitmanagement können helfen. Falls der Schreibtisch des Mitarbeiters an zu exponierter Stelle steht, sollten Sie vielleicht

Stressfaktor	Lösungen
	einen anderen Platz finden, an dem er weniger oft gestört wird. Sie können dem Mitarbeiter auch für eine oder zwei Stunden einen Konferenzraum oder einen anderen abgeschlossenen Raum anbieten, um dort wichtige Dinge ungestört zu erledigen.
Schwache Leistung	Wenn jemand merkt, dass er schwache Leistungen bringt, wird er sein Bestes tun, um dies auszuglei- chen. Dadurch wird er aber automatisch die vorgege- benen Ziele nicht mehr einhalten können. In diesem Falle sollten Sie herausfinden, woran das liegt (z.B. schlechtes Zeitmanagement oder Arbeitsüberlastung). Entsprechendes Training kann hier helfen oder Arbeitsauslastung und Ziele müssen auf ein realisier- bares Niveau gesenkt werden.
Überstunden	Wer Arbeit mit nach Hause nimmt, möchte entweder beeindrucken oder er hat zu viel Arbeit. Demjenigen, der nur Eindruck machen möchte, sollten Sie erklären, dass dies nicht notwendig ist, denn Sie beurteilen Ihre Mitarbeiter nach dem, was sie während der regulären Arbeitszeit leisten können. Wo wirklich die Arbeitsbelastung zu hoch ist, da sollten Sie etwas dagegen unternehmen.
Hohe Arbeits- belastung	Das kann wiederum an schlechtem Zeitmanagement liegen und ein entsprechendes Training kann weiter- helfen oder aber die Arbeitsbelastung ist tatsächlich zu hoch und muss reduziert werden.
Falsche Prioritäten	Sprechen Sie mit Ihrem Mitarbeiter über Prioritäten und fragen Sie, wo er Schwierigkeiten hat. Falls nötig, ist auch hier eine Schulung sinnvoll. Sie können sich für eine bestimmte Zeit jeden Montagmorgen mit Ihrem Mitarbeiter zusammen- setzen und seine Prioritäten für die Woche gemeinsam durchgehen.

Stressfaktor	Lösungen
Isolierte Arbeits-bedingungen	Manche Menschen arbeiten gern allein, für andere bedeutet dies jedoch Stress. Sie brauchen den menschlichen Kontakt. Sorgen Sie dafür, dass diese Mitarbeiter mehr Kontakt nach außen bekommen oder setzen Sie sie aus einem Einzelbüro in ein Großraum-büro. Das fördert den Teamgeist ohnehin.
Schlechtes Arbeits-klima	Spezielle Konflikte werden in Kapitel 4 besprochen. Wenn aber zwischen bestimmten Personen ständig Spannungen herrschen, sollte man sie sowohl räum-lich als auch von der Aufgabe her so weit wie möglich trennen (siehe auch Kapitel 1).
Unsicherheit/Angst vor Entlassung	Nehmen Sie diesen Personen möglichst die Angst. Es gibt allerdings auch Fälle, wo tatsächlich eine Gefahr der Entlassung oder Versetzung droht. Diese Fakten können Sie nicht ändern, aber der Stress für die Betroffenen ist wesentlich geringer, wenn man sie möglichst über alle Entwicklungen auf dem Laufenden hält.
Interne Konflikte	Es gibt Fälle, in denen Sie den Mitarbeitern helfen, wenn Sie bei der Geschäftsleitung für sie eintreten. Angenommen, ein Mitarbeiter muss zehn große Präsentationen pro Monat ausarbeiten. Er schafft das, weiß aber, dass er es noch viel besser machen könnte, wenn er nicht so sehr unter Druck stünde. Für den Mitarbeiter entsteht Stress, weil er Besseres leisten möchte, es durch die Arbeitsüberlastung aber nicht schafft. Hier kann z.B. Ihre Empfehlung, einen Assistenten einzustellen, weiterhelfen. Allerdings gibt es auch Stresssituationen, die nicht zu beheben sind, z.B. im Falle einer sehr anspruchsvollen Aufgabe, die den Mitarbeiter in Konflikt mit seiner Familie bringt. Hier kann man vielleicht ein wenig Unterstützung bieten, aber letztendlich muss sich der Mitarbeiter ganz allein zwischen Beruf und Familie entscheiden.

79

Für manche Probleme gibt es auch keine Lösung, weil die Gegebenheiten einfach nicht zusammenpassen. Manche Mitarbeiter sind z. B. frustriert und gestresst, weil sie nicht am richtigen Platz eingesetzt werden. Das hat nicht unbedingt mit Fähigkeiten und Kenntnissen zu tun, sondern ist eher eine Frage der Persönlichkeit. Einige oben aufgeführte Stressfaktoren – ein schlechtes Arbeitsklima z. B. – hängen oft mit solchen Dingen zusammen. In diesem Falle sollten Sie sich die in Kapitel 1 beschriebenen Persönlichkeitsmerkmale und die Empfehlungen für den Umgang mit Menschen, die nicht in die ihnen zugewiesenen Rollen passen, noch einmal ansehen.

Wenn Sie erkennen, dass ein Mitarbeiter sich bereits in einem sehr fortgeschrittenen Stadium von Stress befindet, müssen Sie vielleicht sogar drastische Maßnahmen vorschlagen. Möglicherweise müssen Sie sogar im Interesse des betroffenen Mitarbeiters – freundlich, aber bestimmt – darauf bestehen. Falls es einen Betriebsarzt oder einen Unternehmensberater gibt, können Sie diese ebenfalls zu Rate ziehen. Oder versuchen Sie, den Mitarbeiter dazu zu überreden, sich professionelle Hilfe von außerhalb zu suchen. Wenn die Symptome sehr ernst sind, dann sollten Sie vorschlagen, dem Mitarbeiter für einige Zeit frei zu geben oder anregen, dass er unbedingt endlich seinen Urlaub antritt, den er lange nicht beansprucht hat. Normalerweise dürfte es jedoch gar nicht erst so weit kommen. Sie sollten längst die Anzeichen erkannt, die Ursachen geklärt und eine Lösung gefunden haben.

VERTRAUEN SCHAFFEN

Probleme von einzelnen Mitarbeitern können sehr schnell zu Problemen des ganzen Teams werden, weil die psychische Belastung – ob man es will oder nicht – auf die ganze Gruppe überspringt. Deshalb müssen Sie im Interesse des ganzen Teams persönliche und auch stressbedingte Probleme frühzeitig erkennen und aus der Welt schaffen.

Menschliche Probleme werden sich nie ganz vermeiden lassen. Das Einzige, was Sie dagegen tun können, ist, so schnell wie möglich zu erkennen und die betroffenen Mitarbeiter zu ermuntern sich Ihnen anzuvertrauen, damit Sie helfen können. Das gelingt am besten, wenn man immer zugänglich ist und positiv und ermutigend reagiert, wenn es Probleme gibt. Die Mitarbeiter werden dann von ganz allein zu Ihnen kommen, wenn sie etwas auf dem

Herzen haben, ohne dass Sie sie erst darauf ansprechen müssen. Es wird sich im Team herumsprechen, dass man bei Problemen ohne Scheu auf Ihre Hilfe vertrauen kann.

Noch ein paar Punkte zum Schluss:

1. Halten Sie sich auch nach dem Gespräch auf dem Laufenden

Zeigen Sie Ihre Anteilnahme und fragen Sie den betroffenen Mitarbeiter – unter vier Augen, falls die Kollegen nichts von seinem Problem wissen –, wie es ihm geht. Das kann z. B. am Ende eines Meetings geschehen, wenn die anderen den Raum bereits verlassen haben und sie relativ ungestört sind. Jeden Tag nachzufragen wäre übertrieben, aber ein gelegentliches „Geht es zu Hause jetzt besser?" oder „Wie kommen Sie mit den Kindern jetzt zurecht?" zeigt Ihre Anteilnahme. Außerdem bietet sich so immer eine Gelegenheit, mit Ihnen ein Gespräch anzufangen, falls es nach wie vor Probleme gibt: „Ich wäre dankbar, wenn Sie nochmals Zeit für ein Gespräch hätten."

2. Wahren Sie immer Vertraulichkeit

Wenn bekannt wird, dass Sie eine vertrauliche Information weitergegeben haben, wird wohl kaum jemand aus dem Team jemals wieder über persönliche Probleme mit Ihnen sprechen wollen und Sie werden nie mehr Gelegenheit bekommen, im Interesse aller helfend einzugreifen.

3. Stehen Sie zu Ihrem Wort

Wenn Sie jemandem versprechen, dass eine bestimmte Vorgehensweise nicht zu seinem Schaden sein wird, dann sollte dies auch so sein. Angenommen, ein gestresster Mitarbeiter befürchtet einen Leistungsrückgang, wenn er keine Arbeit mehr mit nach Hause nimmt, und Sie beruhigen ihn damit, das sei durchaus in Ordnung, Sie erwarteten keine übermenschlichen Leistungen von ihm. Dann dürfen Sie ihn beim nächsten Mitarbeitergespräch keinesfalls fragen, warum seine Leistungen zurückgegangen sind. Es ist wichtig, dass Ihre Mitarbeiter Ihnen voll und ganz vertrauen und sich auf Sie verlassen können.

Wie Sie sehen, ist der Umgang mit menschlichen Problemen gar nicht so schwierig. Wichtig ist das vertrauensvolle Gespräch von Mensch zu Mensch und nicht zwischen Vorgesetztem und Untergebenem.

Wer zuhört, Anteil an den individuellen Problemen nimmt und vor allen Dingen den betroffenen Mitarbeitern keine ungebetenen und „altklug" oder überlegen wirkenden Ratschläge erteilt, wird damit immer Erfolg haben.

Zusammenfassung

Ob ein Mitarbeiter von persönlichen Problemen bei der Erledigung seiner Aufgaben behindert wird und von seinem „normalen" Verhalten abweicht, das erfahren Sie nur, wenn Sie Ihre Mitarbeiter als Menschen wahrnehmen.

Wenn Sie Änderungen im Verhalten erkennen, dann führen Sie am besten ein persönliches Gespräch mit Ihrem Mitarbeiter und geben Sie ihm dadurch Gelegenheit, sich auszusprechen. Erteilen Sie ihm keine klugen Ratschläge, sondern ermuntern Sie ihn, selbst „sein" Problem zu lösen. Vereinbaren Sie – möglicherweise für eine befristete Zeit – besondere Regeln mit ihm, an die sich der Mitarbeiter hält, weil er sie selbst vorgeschlagen hat.

Stellen Sie fest, dass einer Ihrer Mitarbeiter an Stress leidet, dann versuchen Sie, die Ursachen dafür herauszufinden und mit dem Mitarbeiter zu einer persönlichen Lösung zu kommen, damit sein Stress nicht das ganze Team „ansteckt".

Problematische Menschen

WORUM ES GEHT:

Selbst wer in allem nur das Beste sieht, muss zugeben, dass es in einem Team Mitarbeiter gibt, mit denen die Zusammenarbeit leicht fällt, und andere, mit denen man nicht ganz so einfach auskommt. In diesem Kapitel geht es darum, wie man mit etwas schwierigeren Persönlichkeiten zusammenarbeitet. Auch wenn bestimmte schwierige Charakterzüge eines Mitarbeiters Sie selbst vielleicht nicht stören, wird die Arbeit im Team wesentlich einfacher sein, wenn es niemanden in seiner Mitte hat, mit dem die Zusammenarbeit sich als äußerst frustrierend und kompliziert darstellt.

Wir beschäftigen uns deshalb mit folgenden Fragen:
Welche Eigenarten zeichnen welche Typen schwieriger Menschen aus?
Wie geht man mit diesen Eigenschaften so um, dass die Arbeit nicht darunter leidet?
Wie gibt man problematischen Menschen am besten Food-back?

*F*FEED-BACK

Manchmal sind wir alle schuld. Das Verhalten eines Mitmenschen reizt uns, aber wir sagen nichts dazu. Wir halten unsere Gefühle zurück und lassen uns nicht anmerken, dass uns sein Verhalten missfällt, bis uns eines Tages der Kragen platzt und alles mit einem fürchterlichen Krach endet. Und das alles nur, weil wir zu lange versucht haben, tolerant zu bleiben.

Ein derartiges Verhalten ist im Grunde genommen nicht fair. Der andere ist nun einmal so und wenn ihm niemand sagt, dass das für andere ein Problem ist, kann er es nicht wissen. Vielleicht stört ihn auch einiges an uns? Deshalb sollten wir auf freundliche Weise zu verstehen geben, was uns an dem anderen stört. Meistens ist das gar nicht so schwierig. Man sollte damit nicht so lange warten, bis die Lage eskaliert.

Mit charakterlichen Problemen eines Mitarbeiters ist nicht ganz leicht umzugehen. In keiner Arbeitsplatzbeschreibung wird festgelegt, dass der Mitarbeiter keine negative Einstellung haben oder sich nicht beklagen darf, wenn ihm etwas nicht passt. Es gibt also keine festen und allgemein gültigen Vorschriften über das menschliche Verhalten. Andererseits müssen Sie als Vorgesetzter eingreifen, wenn Sie bemerken, dass es persönliche Unstimmigkeiten im Team gibt. (Im nächsten Kapitel gehen wir näher auf Konflikte zwischen den Mitgliedern eines Teams ein.) Sie müssen also etwas unternehmen.

Es nützt nichts, den betreffenden Mitarbeiter hereinzurufen und ihm vielleicht zu eröffnen: „Das ganze Team hat Schwierigkeiten mit Ihnen zusammenzuarbeiten." Dann entsteht der Eindruck, dass hinter dem Rücken des Mitarbeiters über ihn gesprochen wurde, und das wird ihm entweder sehr peinlich sein oder er wird verärgert reagieren. Derart persönliche Dinge sollten unter vier Augen besprochen werden. Auch die Teammitarbeiter, die die gleiche Meinung über ihren Kollegen haben, sollten persönlich mit ihm sprechen. Als Vorgesetzter ist es jedoch an Ihnen, dies als Erster anzugehen. Mit etwas Glück und Geschick erübrigen sich dann sogar die Gespräche mit den anderen und dem Mitarbeiter bleibt eine Konfrontation mit den anderen Kollegen erspart.

Die Technik des Feed-back ist recht einfach, kann bei allen persönlichen Schwierigkeiten und auch vielen anderen Problemen, die mit der Arbeit an sich zu tun haben, angewandt werden:

1. Sie müssen unter vier Augen und ohne Zeitdruck mit dem Mitarbeiter sprechen.

2. Überlegen Sie sich vorher die wichtigsten Punkte und wie Sie diese ansprechen möchten und vermeiden Sie dabei:

   – Übertreibungen: „Sie beschweren sich immer!"
   – Urteile: „Sie sind ein hoffnungsloser Fall, was den Umgang mit Problemen angeht."
   – Schubladendenken: „Sie sind bekannt als Meckerer!"

3. Gehen Sie bei dem Gespräch von sich aus und reden Sie nicht aus der vermeintlichen Perspektive des Mitarbeiters. Beginnen Sie Ihre Sätze nicht mit „Sie vermitteln mir den Eindruck", sondern reden Sie von sich: „Ich fühle mich hilflos und frustriert, wenn Sie sich ständig über Dinge beschweren, die meiner Meinung nach unbedeutend sind."

4. Erklären Sie, warum das Ihr Eindruck ist: „Ich kann mich nicht darum kümmern, weil ich mich mit anderen Dingen befassen muss, die eine höhere Priorität haben. Aber ich fühle mich hilflos, wenn ich Ihnen eine Absage erteilen muss."

5. Lassen Sie dann den Mitarbeiter darauf reagieren. Hören Sie aufmerksam zu und zeigen Sie ihm das auch.

6. Konzentrieren Sie sich darauf, wie sich der Mitarbeiter *verhält*, nicht wie er – Ihrer Meinung nach – *ist*.

7. Führen Sie aktuelle Beispiele für sein Verhalten an, wo immer dies möglich ist.

8. Zeigen Sie die negativen Auswirkungen, die das Verhalten des Mitarbeiters auf die Arbeitseffektivität des Teams hat.

9. Aber seien Sie auch positiv. Sagen Sie dem Mitarbeiter, wenn er einmal nicht ständig nörgelt oder sich beschwert, und zeigen Sie ihm, dass er sich durchaus kooperativ verhalten *kann*.

10. Machen Sie einen Lösungsvorschlag und warten Sie ab, was der Mitarbeiter dazu sagt. Das ist sehr wichtig. Bitte denken Sie immer daran, dass Sie nicht die Persönlichkeit verändern können, aber das Verhalten. Deshalb müssen Sie dem Mitarbeiter eine Alternative anbieten. Falls Ihnen keine einfällt, sollten Sie ihn lieber zunächst nicht ansprechen. Denken Sie daran: Sie

können nicht verlangen, dass er seinen Charakter ändert – das kann er nicht –, sondern Sie bitten ihn, dass er sich zwar beschweren darf, aber nicht ständig und über jede Kleinigkeit. Beispiel: „Könnten Sie eine Lösung vorschlagen, wenn Sie mir Ihr Problem schildern? Es sollte etwas sein, was auch mit den verfügbaren Ressourcen realisierbar ist. Dann kann ich wahrscheinlich auf Ihre Beschwerde viel besser eingehen und Abhilfe schaffen."

11. Hören Sie sich die Antwort des Mitarbeiters genau an und seien Sie kompromissbereit. (Vielleicht erfahren Sie auch, welchen Eindruck Sie auf andere machen, und können dann Ihr eigenes Verhalten korrigieren.)

Sie werden feststellen, dass man mit den meisten schwierigen Charakterzügen, die nachfolgend besprochen werden, sogar gut umgehen kann, ohne direkt mit den betreffenden Personen darüber zu sprechen. Wenn diese Eigenschaften jedoch sehr stark ausgeprägt sind und unsere Empfehlungen nicht fruchten, dann sollte man sich nicht scheuen, der Person ein entsprechend deutliches persönliches Feed-back zu geben.

*D*IE SCHWIERIGEN CHARAKTERE

■ Der wenig Mitteilsame

Manche Menschen sind von Natur aus schweigsam und tragen wenig zu Gesprächen bei. Dabei fällt ihnen nicht auf, dass dieses Verhalten den anderen kaum weiterhilft. Diese Menschen legen sich selten fest und machen keine klaren Aussagen wie „Das erledige ich bis Dienstag". Damit verärgern sie die Kollegen im Team, die nie genau wissen, woran sie sind.

Hier kann Feed-back weiterhelfen. Aber bevor man das versucht, hier ein paar Tipps für den Umgang:

◆ Stellen Sie einem schweigsamen Mitarbeiter viele Fragen, damit er antworten muss. Präzisieren Sie dabei so gut wie möglich. Fragen Sie also nicht: „Können Sie diesen Bericht bis nächste Woche fertigmachen?", sondern: „Dieser Bericht muss ca. 5 Seiten umfassen und ich brauche ihn bis spätestens Donnerstag nächster Woche. Können Sie das erledigen?"

◆ Stellen Sie, außer wenn Sie klare Zusagen verlangen, offene Fragen, auf die man nicht nur mit Ja oder Nein antworten kann. Dadurch muss der Mitarbeiter ausführlicher antworten.

◆ Warten Sie auf eine Antwort, wenn Sie eine Frage gestellt haben. Sprechen Sie nicht weiter, auch wenn eine lange Pause entsteht. Der Mitarbeiter soll zunächst antworten.

◆ Rechnen Sie nicht damit, aus diesen Menschen kommunikationsfreudige Mitarbeiter zu machen. Das gelingt nicht. Fordern Sie den Mitarbeiter aber dazu auf, wenigstens so viel mit den Kollegen zu kommunizieren, dass eine problemlose Zusammenarbeit mit dem Team möglich ist.

■ Derjenige, der nie zuhört

Derartige Menschen können andere unglaublich frustrieren. Man weiß nicht nur, dass sie einem sowieso nicht zuhören, wenn man etwas sagt, sondern man kann fast damit rechnen, dass viele Aufgaben auch einfach nicht oder nur zum Teil erledigt werden. Spricht man das an, dann bekommt man zu hören, dass man ja nie etwas davon gesagt hätte. Auch hier gibt es eine recht einfache Vorgehensweise:

◆ Sagen Sie am Ende eines Gespräches: „Ich möchte nur sichergehen, dass alles klar ist. Könnten Sie bitte kurz zusammenfassen?"

◆ Wenn der Mitarbeiter zwar Ihre Worte wiederholt wie ein Papagei, sie dann aber gleich wieder vergisst, stellen Sie Fragen, und zwar offene Fragen: „Was halten Sie von Fallstudien für diesen Bericht und wie sollten sie aussehen?"

◆ Derartige Charaktere werden sich nie erinnern, was Sie ihnen über Ihr Wochenende erzählt haben. Sie können zufrieden sein, wenn sie sich daran erinnern, was man ihnen aufgetragen hat.

■ Der Träumer

Bei diesen Menschen sinkt ihre Leistung und sie machen Fehler, wenn sie ins Träumen geraten. Dann lassen sie leider oft auch ihre Kollegen im Stich. Meistens ist Langeweile der Grund für ihr Abschweifen, deswegen sollten Träumer keinen Anlass zur Langeweile haben:

◆ Geben Sie ihm Aufgaben, die er mit einem Kollegen zusammen erledigen muss. Der wird dann schon dafür sorgen, dass er mit den Gedanken bei der Sache bleibt.

◆ Lassen Sie den Mitarbeiter weitgehend selbst entscheiden, was er wann erledigen möchte.

◆ Setzen Sie ihm Ziele für die Produktivität und Genauigkeit seiner Arbeit und bieten Sie ihm interessante Anreize dafür.

◆ Akzeptieren Sie, dass man solchen Mitarbeitern keine monotonen Arbeiten übertragen kann, und vermeiden Sie dies tunlichst.

■ Der Einzelgänger

Er arbeitet gern allein und in seinem eigenen Büro. Eigentlich sind es keine Mitarbeiter, die in einem Team arbeiten können. Ein typischer Einzelgänger wirkt oft distanziert und eher negativ auf das übrige Team und möglicherweise behindert er dadurch auch den freien Gedankenaustausch. Hier einige Vorschläge für den Umgang mit dem Einzelgänger:

Wenn man Einzelgänger unter Druck setzt, ziehen sie sich oft noch mehr zurück. Weil man auch seinen Charakter nicht ändern kann, sollten Sie ihm entgegenkommen: Lassen Sie ihm seine Zurückgezogenheit und zwingen Sie ihn nicht dazu, an großen Versammlungen teilzunehmen.

Einzelgänger ziehen oft das Telefonieren dem direkten Gespräch vor. Rufen Sie ihn also lieber ab und zu an statt ihn in seinem Büro aufzusuchen.

Erkennen Sie die positiven Eigenschaften von Einzelgängern. Sie arbeiten sehr gut allein, haben eine Vorliebe für Details und können gut mit langfristigen Projekten betraut werden. Nutzen Sie diese Talente und sorgen Sie dafür, dass auch die übrigen Kollegen das zu schätzen wissen. Vielleicht sind die anderen Kollegen froh, wenn sie gerade solche Aufgaben abgeben können.

■ Der Geheimniskrämer

Manche Leute haben die Angewohnheit, bestimmte Informationen vor den Kollegen zurückzuhalten. Das erschwert allen die Arbeit im Team. Für dieses Verhalten gibt es zwei wichtige Gründe: Zum einen vermittelt das ein Gefühl der Macht und zum anderen haben diese Personen ein starkes Bedürfnis nach Anerkennung. Hier einige Tipps für den Umgang mit diesen Kollegen:

◆ Fragen Sie gezielt nach Informationen, falls notwendig, auch schriftlich.

◆ Oder fassen Sie schriftlich zusammen, welche Informationen Ihnen bereits vorliegen, und bitten Sie ihn, fehlende Informationen zu ergänzen. Es wird ihn sehr befriedigen, wenn er Sie darüber unterrichten kann, was Sie noch nicht wissen.

◆ Wenn der Mitarbeiter Ihnen seine Ausarbeitungen gibt, sollten Sie ihm herzlich dafür danken, damit er den Eindruck gewinnt, er habe Ihnen sehr weitergeholfen. Tun Sie dies möglichst auch im Beisein anderer Kollegen. Das kommt seinem Bedürfnis nach Anerkennung besonders entgegen.

◆ Mit der Zeit werden Sie an den Reaktionen des Mitarbeiters feststellen, wie man am besten mit ihm umgeht, und Sie werden bald keine Probleme mehr haben, Informationen aus ihm herauszulocken.

■ Der Trotzkopf

Er will jedem zeigen, wie erregt er ist. Denn – seiner Meinung nach – erkennt sonst niemand die Bedeutung der Angelegenheit. Hin und wieder ziehen wir uns alle einmal in den Schmollwinkel zurück. Manche Leute tun dies allerdings bei jeder scheinbar noch so kleinen Angelegenheit und diese schlechte Stimmung kann sich schnell auf das gesamte Team übertragen. Bei diesen Mitarbeitern ist folgende Vorgehensweise zu empfehlen:

◆ Der Mitarbeiter schmollt, weil er Ihnen ein schlechtes Gewissen machen möchte. Deshalb sollten Sie unbedingt sicher sein, dass Sie wirklich kein schlechtes Gewissen haben müssen, bevor Sie etwas unternehmen. Wenn Sie also mit dieser Person etwas zu besprechen haben, was zu einer Trotzreaktion führen könnte, achten Sie darauf, wirklich gut zuzuhören, Ihren eigenen Standpunkt deutlich zu erklären und einen freundlichen und vernünftigen Ton zu wählen. Falls der Mitarbeiter nach dem Gespräch dann immer noch eingeschnappt ist, haben Sie sich nichts vorzuwerfen.

◆ Sein Ziel ist Ihre Kapitulation. Geben Sie nicht auf. Wenn diese Taktik einmal funktioniert hat, wird er es immer wieder versuchen.

◆ Verschlimmern Sie die Situation nicht, indem Sie ebenfalls kurz angebunden reagieren. Tun Sie einfach so, als ob alles in Ordnung wäre. Falls Sie auf hartnäckiges Schweigen stoßen, warten Sie einfach ab. In Fällen, in denen keine Zeit zum Abwarten bleibt, zwingen Sie den Mitarbeiter zu reagieren, indem Sie Ihre Frage stellen und auf die Antwort warten. Irgendwann muss er dann sein Schweigen brechen. Wenn Sie erst einmal bewiesen haben, dass Sie den längeren Atem haben und abwarten können, wird er es auf diese Weise nicht mehr versuchen.

◆ Vergessen wir nicht, dass jeder hin und wieder sauer ist, wenn er den Eindruck hat, seine Gefühle wurden nicht wirklich ernst genommen. Selbst Leute, die ständig schmollen, haben manchmal einen überzeugenden Grund dafür, z. B. wenn man ihnen in einer wichtigen Angelegenheit nicht richtig zuhört. Überlegen Sie also immer, ob der Mitarbeiter vielleicht wirklich einen Grund hat beleidigt zu sein.

■ Der Sensible

Diese Mitarbeiter fassen die leiseste Kritik als persönliche Kränkung auf, sodass es nahezu unmöglich ist, objektiv mit ihnen über ihre Leistungen zu sprechen. Hier muss man immer genau aufpassen, was man sagt. Es gibt aber einige Möglichkeiten, das Problem so gering wie möglich zu halten:

◆ Machen Sie niemals im Beisein anderer Kollegen Bemerkungen, die eventuell als Kränkung aufgefasst werden könnten. Der Mitarbeiter wird sonst beleidigt sein.

◆ Formulieren Sie notwendige Kritik objektiv und sorgsam und machen Sie deutlich, dass es sich um Kritik an der Arbeit und nicht an der Person handelt. Sagen Sie also nicht: „Ich bin über Ihre Leistungen in jüngster Zeit etwas verwundert", sondern „Ich bin etwas verwundert darüber, dass Sie im letzten Monat zwei wichtige Termine nicht eingehalten haben."

◆ Bauen Sie das Selbstbewusstsein auf. Betonen Sie auch immer die Stärken, wenn Sie über Schwachpunkte sprechen. „Ich muss sagen, Ihr Bericht war hervorragend, wenn Sie ihn auch einen Tag zu spät abgeliefert haben." Heben Sie sowohl persönliche als auch berufliche Stärken hervor: „Sie haben wirklich einen Blick für das Wichtigste einer Aufgabe."

◆ Bedenken Sie immer die Übersensibilität dieser Mitarbeiter. Eine noch so kleine Kritik kann eine Menge anrichten. Wenn Sie sagen: „Ich bin etwas irritiert", wird das vielleicht gleich so aufgefasst, als hätte der Mitarbeiter die schlechteste Arbeit aller Zeiten geleistet. Die Aussage „Ich bin mit diesem Bericht nicht zufrieden" lässt ihn möglicherweise gleich an das Schlimmste denken, bevor Sie überhaupt Ihren Satz zu Ende geführt haben. Behandeln Sie diese Mitarbeiter also immer mit Vorsicht.

■ Der Märtyrer

Er nimmt gern zusätzliche Arbeit an und beschwert sich dann darüber. „Jemand muss es ja machen, geben Sie nur her, ich werde es auf meinen Stapel legen. Keine Sorge, ich werde es schon schaffen …" Diese Personen vermitteln den Kollegen schnell ein schlechtes Gewissen, weil sie scheinbar nicht so hart arbeiten. Die negative Anspannung kann sich dann leicht auf das ganze Team übertragen. Solche Personen neigen auch zu Stressanfälligkeit (siehe auch Kapitel 3).

Den Märtyrer wird man niemals in einen entspannten Menschen verwandeln können. Aber man kann dafür sorgen, dass er das Team nicht allzu sehr mitreißt:

◆ Gestatten Sie ihm nicht, zusätzliche Arbeit anzunehmen. Sorgen Sie dafür, dass er im üblichen Maß ausgelastet ist, und lehnen Sie höflich aber bestimmt ab, wenn er bei dringenden oder besonderen Aufgaben Hilfe anbietet. Ermuntern Sie ihn, seine Mittagspause auch wirklich zu nutzen und pünktlich Feierabend zu machen.

◆ Falls nötig, sprechen Sie mit ihm unter vier Augen und sagen Sie ihm, dass Sie sich Sorgen machen, weil er sich derart unter Stress setzt. Machen Sie deutlich, dass Sie gar keine Extraarbeit von ihm verlangen und dass Sie seine Arbeit deswegen nicht weniger schätzen.

◆ Vielleicht können Sie taktvoll darauf hinweisen, dass sein Verhalten sich kontraproduktiv auf das übrige Team auswirkt. Denken Sie aber immer daran, dass solche Märtyrer oft auch extrem sensibel sind. Sie müssen also sehr diplomatisch vorgehen. Sie könnten vielleicht anführen, dass die Kollegen sich unterlegen fühlen könnten, weil sie nicht das gleiche Durchhaltevermögen besitzen. Das könnte sich wiederum negativ auf ihre Arbeitsmoral auswirken.

◆ Märtyrer haben oft ein Gefühl der Unzulänglichkeit und müssen sich deshalb immer wieder selbst beweisen und ihr Selbstvertrauen stärken.

◆ Zeigen Sie also immer reichlich Anerkennung für ihre Arbeit. Nehmen Sie diese Anerkennung etwas zurück, wenn der Märtyrer sich wieder einmal übernimmt, und äußern Sie Besorgnis über seine Gesundheit und auch über die Arbeitsmoral des Teams. Er zieht es dann bestimmt vor Ihr Lob zu hören, wenn er sich weniger Arbeit aufbürdet.

◼ Der Nörgler

Es hat auch sein Gutes, dass es Mitarbeiter gibt, die sich ständig beschweren:

◆ Sie sind oftmals diejenigen, die auf echte Probleme aufmerksam machen. Probleme, die Sie als Vorgesetzter kennen sollten. Vom Team werden diese Personen gern als Fürsprecher gewählt, wenn es darum geht eine gemeinsame Beschwerde vorzubringen.

◆ Diese Mitarbeiter sind äußerst gewissenhaft. Sonst wäre es ihnen ja gleichgültig, wenn etwas schief läuft. Sie beklagen sich, weil sie engagiert sind.

Denken Sie daran, wenn wieder einmal jemand zu Ihnen kommt um sich zu beklagen. Die folgenden Tipps vereinfachen den Umgang mit diesen Mitarbeitern:

◆ Treffen Sie keine Entscheidungen, die diese Kollegen direkt betreffen, ohne vorher mit ihnen darüber gesprochen zu haben. Wer in Veränderungsprozesse einbezogen wird, kritisiert sie weniger heftig.

◆ Üben Sie keinen Druck aus, denn sonst lösen Sie bei diesen Mitarbeitern automatisch Widerstand aus.

◆ Fragen Sie, ob Hilfe erwünscht ist, *bevor* sie sich beschweren. Gelegentlich wird das zwar erst als Aufforderung zur Beschwerde aufgefasst, aber meistens werden Sie doch hören, dass alles in Ordnung ist. Und wer das erst einmal behauptet hat, der wird sich später kaum darüber beklagen können.

◆ Wenn eine Beschwerde vorgebracht wird, konzentrieren sich diese Personen oft auf die Gründe, warum es zu dem Problem kommen konnte. Bringen Sie sie dazu sich vor allem mit den Lösungen zu beschäftigen: „Nun, es ist passiert. Haben Sie einen Vorschlag, wie man das Problem lösen könnte?"

◆ Die Hintergründe sind in diesen Fällen meistens nicht so wichtig. Schlagen Sie zunächst einfach vor: „Lassen Sie uns die Ursache später untersuchen und im Moment zunächst einmal darüber nachdenken, wie wir das Problem lösen."

Der Pessimist

Wenn jemand sagt: „Das funktioniert nie", dann ist das äußerst frustrierend und destruktiv. Andererseits sind es oft die Pessimisten, die das Team vor gravierenden Fehlern bewahren. Allerdings muss man mit diesen Menschen geschickt umgehen, um ihr Talent, Schwachstellen zu erkennen, richtig zu nutzen und sie gleichzeitig davon abzuhalten das Team durch ihren ständigen Pessimismus zu demotivieren.

◆ Bitten Sie immer um genaue Präzisierung, wenn pessimistische Aussagen gemacht werden. Warum sollte etwas nicht funktionieren? Ist das nur eine Vermutung oder gibt es stichhaltige Gründe? Handelt es sich nur um ein Gefühl oder hat der Mitarbeiter wirklich bereits schlechte Erfahrungen in einem ähnlichen Falle gemacht? Bestehen Sie darauf, dass klar ausgesprochen wird, wo und warum Schwierigkeiten zu erwarten sind.

◆ Fragen Sie den Mitarbeiter, wie das Problem seiner Meinung nach zu lösen ist. Bestehen Sie auch hier wieder auf präzisen Aussagen und lassen Sie sich nicht mit einem „Ich weiß nicht – das Ganze erscheint mir eine reine Zeitverschwendung" abspeisen.

◆ Pessimisten haben oft Angst zu versagen und vermeiden es deshalb Risiken einzugehen. Sie wollen, dass das Team diese Einstellung übernimmt und nichts mehr riskiert. Lassen Sie sich von dem Mitarbeiter einfach einmal schildern, was denn seiner Meinung nach schlimmstenfalls passieren könnte, wenn man wie geplant vorgeht. Dadurch lassen sich die pessimistischen Gefühle oft schon relativieren.

◆ Nehmen Sie dem Mitarbeiter die Angst vor dem Versagen, indem Sie ihn von möglichst viel Verantwortung befreien. Selbst wenn ein Projekt fehlschlägt, war es dann nicht *sein* Fehler. Sagen Sie einfach, dass Sie selbst die Verantwortung für eine bestimmte Entscheidung übernehmen, oder machen Sie deutlich, dass das ganze Team in der Verantwortung steht. Wenn Pessimisten erst einmal von dieser Last befreit sind, können sie viel zum Erfolg des Teams beitragen, auch wenn sie niemals zu Optimisten werden.

■ Der Voreingenommene

Im Arbeitsleben begegnet man tagtäglich allen möglichen Arten von Vorurteilen. Diskriminierung von Frauen und Rassismus sind die am häufigsten
genannten. Es gibt aber auch Mitarbeiter, die nicht gern mit jüngeren Kollegen
zusammenarbeiten oder sich scheuen ihr Büro mit jemandem zu teilen, der
nicht aus der gleichen sozialen Schicht stammt. Derartige Einstellungen sind
kaum durch vernünftige Argumente zu widerlegen. Manchmal kann man
jedoch das Verhalten der Menschen beeinflussen, ohne das Thema direkt an-
zuschneiden.

◆ Lassen Sie sich nie auf einen Streit darüber ein, ob Frauen so gut sind wie
  Männer, ob Erfahrung alles ist, ob die Ausländergesetze zu lasch sind oder
  ob alle Leute, die eine Privatschule besucht haben, Snobs sind. Denken Sie
  daran, Sie werden diesen Menschen so wenig von Ihren Argumenten überzeugen können wie er Sie von seinen.
◆ Beweisen Sie dem Mitarbeiter, dass er Unrecht hat. Nehmen wir z. B. eine
  frauenfeindliche Einstellung. Wenn Sie einen solchen Mitarbeiter im Team
  haben, sorgen Sie dafür, dass die Frauen im Team ihm beweisen können,
  dass ihre Fähigkeiten nicht vom Geschlecht abhängen. Übertragen Sie den
  Frauen typische „Männeraufgaben". Wenn der Frauenfeind erkennt, dass
  die Frauen das ebenso gut erledigen wie Männer, wird er seine Einstellung
  vielleicht mäßigen.
◆ Achten Sie darauf, bestehende Vorurteile nicht versehentlich noch zu
  verstärken und sprechen Sie vielleicht auch mit den betroffenen Kollegen
  darüber. Wenn eine Frau ausgerechnet den frauenfeindlichen Kollegen
  bittet, im Büro eine Glühlampe auszutauschen, wird sie seine Vorurteile nur
  bestärken. Vielleicht bittet sie ihn ja nur darum, weil sie nicht groß genug
  ist. Sie sollte aber besser auf einen Stuhl klettern und die Lampe selber
  austauschen oder zumindest warten, bis er nicht da ist, und einen anderen
  Kollegen um den Gefallen bitten.

■ Der „Dienst nach Vorschrift"-Typ

Er wird nichts anfassen, was nicht schwarz auf weiß in seiner Arbeitsplatzbeschreibung festgehalten ist. Ein solcher Mensch kann den Teamgeist
zerstören. Zusammenarbeit und gegenseitige Unterstützung interessieren ihn

nicht. Versuchen Sie die Gründe für sein Verhalten herauszufinden. Oft liegt es daran, dass er sich nicht bestätigt fühlt. Wenn man sich bei einem solchen Menschen großzügig für einen Gefallen bedankt, wird er beim nächsten Mal vielleicht eher bereit sein, etwas mehr zu tun. Aber wie bringt man ihn dazu, jemandem gefällig zu sein?

◆ Sie müssen akzeptieren, dass der Mitarbeiter das, was nicht in seiner Arbeitsplatzbeschreibung steht, auch nicht tun muss. Es hat keinen Sinn sich darüber aufzuregen. Er hat das Recht, Nein zu sagen.
◆ Der Mitarbeiter kennt die Gesetze und das, was in seinem Vertrag steht, ganz genau. Sie sollten das auch kennen. Nur dann wissen Sie, ob Sie den Mitarbeiter um etwas bitten, wofür er bezahlt wird, oder ob Sie ihn um einen Gefallen bitten.
◆ Wenn Sie ihn um etwas bitten, wozu er nicht verpflichtet ist, dann sagen Sie ihm das auch. Sagen Sie nicht: „Bitte bringen Sie diese Bestellungen in den Versand", sondern sagen Sie: „Ich weiß, Sie haben viel zu tun, aber Frau Fink ist heute krank und die Bestellungen müssen in den Versand gebracht werden. Würde es Ihnen etwas ausmachen sie hinzubringen?"
◆ Akzeptieren Sie auch eine Ablehnung. Wenn Sie sagen: „Ich sehe ein, das ist nicht Ihre Aufgabe" beweisen Sie zumindest, dass Sie seine Rechte respektieren. So wird er vielleicht beim nächsten Mal weniger schroff reagieren.
◆ Wenn man um einen Gefallen bittet, sollte man sich auch dafür bedanken.
◆ Ermuntern Sie Ihr gesamtes Team zur Kollegialität. Möglicherweise lernt der Mitarbeiter ja am Beispiel seiner Kollegen und lässt sich davon leichter überzeugen als von seinem Vorgesetzten.
◆ Viele Menschen handeln „nach Vorschrift", weil sie sehr unsicher sind und Angst vor den Folgen möglicher Fehler haben. Deshalb darf man sie auf keinen Fall tadeln, wenn Ihnen tatsächlich einmal ein Fehler unterlaufen ist.

95

▨ Der „Kontrolleur"

Er hat solche Angst davor im Stich gelassen zu werden, dass er Arbeit erst gar nicht delegieren oder mit jemandem teilen möchte. Beides ist für die Kollegen frustrierend. Solche Menschen sind meistens absolute Perfektionisten, die unbedingt Anerkennung brauchen. Daran wird man wahrscheinlich wenig ändern können, aber diese Mitarbeiter können unter gegebenen Umständen lernen ihr Verhalten zu ändern und mehr Arbeit an andere zu delegieren. Dazu folgende Hinweise:

◆ Der „Kontrolleur" ist nur zufrieden, wenn er auf jemanden vertrauen kann, der genauso perfekt arbeitet wie er selbst. Lassen Sie ihm also Zeit, seine Arbeit schrittweise an andere zu delegieren oder mit anderen zu teilen, so dass er nach und nach feststellen kann, dass seine Kollegen ebenso zuverlässig sind wie er selbst.

◆ Sie können z. B. die anderen Mitarbeiter darum bitten, ihn immer auf dem Laufenden zu halten und nach seinem Rat zu fragen, wo dies notwendig ist. Auf diese Weise ist der „Kontrolleur" ständig über den Fortgang der Arbeit unterrichtet.

◆ Wenn jemandem im Team ein Fehler unterläuft, dann zeigen Sie dem Team, dass man aus Fehlern lernen kann, damit sie nicht wieder vorkommen. Ermutigen Sie die Mitarbeiter, Fehler ruhig zuzugeben und nicht etwa ängstlich zu verheimlichen, und demonstrieren Sie ihnen, *wie* man daraus lernen kann – das ist übrigens immer beherzigenswert! –: „Ich habe vor über einem Monat einen Besuchstermin vereinbart und in meinem Kalender eingetragen. Allerdings habe ich nie zurückgerufen um den Termin nochmals zu bestätigen. Ich hatte nicht daran gedacht, dass der Kunde seinen Terminplan vielleicht ändern könnte, ohne mich zu informieren. Nachdem ich nun über eine Stunde vergeudet habe um zu jemandem hinzufahren, den ich dann gar nicht antraf, wird mir dieser Fehler bestimmt nicht noch einmal passieren. In Zukunft werde ich jede Terminvereinbarung immer noch einmal bestätigen."

◆ Als Teamleiter können Sie auch mit dem „Kontrolleur" sprechen und fragen, was denn schlimmstenfalls passieren könnte, wenn jemand einen Fehler macht. Auf diese Weise wird sich alles etwas relativieren.

◆ Falls es in Ihrem Team wirklich Mitarbeiter gibt, die oft die Fehler machen, die der „Kontrolleur" befürchtet, sollten Sie Konflikte von vornherein vermeiden, indem Sie diese Kollegen nicht unbedingt eng zusammenarbeiten lassen.

◆ Sobald der „Kontrolleur" gelernt hat jemandem zu vertrauen, werden Sie feststellen, dass er – zumindest an den Kollegen seines Vertrauens – sehr gut delegieren kann. Durch die gute Erfahrung damit wird er dann auch anderen Kollegen allmählich mehr Vertrauen schenken. Versuchen Sie also ihn zu Beginn mit einem Ihrer zuverlässigsten Mitarbeiter zusammenzubringen, damit er ohne es zu merken lernt, seinem Kollegen zu vertrauen.

■ Der Besserwisser

Besserwisser können jedem Mitarbeiter ganz schön auf die Nerven gehen. Dann ertappt man sich vielleicht sogar dabei, wie man einem Besserwisser Misserfolg wünscht, auch wenn dies zu Lasten des ganzen Teams geht. Aber wie kann man ihn davon abhalten, alle Kollegen permanent zu frustrieren?

◆ Besserwisser neigen dazu das Selbstvertrauen der Kollegen zu zerstören, indem sie sich selbst jede gute Idee und jeden Erfolg an die Brust heften. Stärken Sie also von Anfang an das Selbstvertrauen aller anderen. Das gilt besonders für Mitarbeiter, die eng mit dem Besserwisser zusammenarbeiten müssen.

◆ Besserwisser sind nicht in der Lage Fehler zuzugeben. Anstatt Ihnen einen Irrtum vor Augen zu halten, bitten Sie lieber darum, dass sie Ihnen ihre Ideen und Pläne ausführlich erklären; dann kommt der Besserwisser seinen eigenen Fehlern selbst auf die Spur. Wenn er sie nicht bemerken sollte, stellen Sie gezielte Fragen.

◆ Stellen Sie den Besserwisser nicht vor anderen Teammitgliedern bloß – auch wenn die Versuchung manchmal groß ist. Sie machen sich damit nur unnötige Feinde.

◆ Loben Sie den Besserwisser, wo es angebracht ist, aber lassen Sie ihn das Lob mit anderen teilen: „Eine wirklich gute Idee, Herr Berg, aber ohne die geniale Planung von Herrn Jung wären wir nie darauf gekommen. Auch die Präsentation von Frau Schneider war erstklassig." Sorgen Sie dafür, dass der Besserwisser die Beiträge der Kollegen ebenso schätzen lernt wie seine eigenen.

■ Die „Primadonna"

Es ist kein Zufall, dass sich diese Menschen manchmal wie Fünfjährige benehmen, denn ein solches Verhalten entwickelt sich in frühester Kindheit. Ein Kind lernt, dass es alles bekommt, was es will, wenn es eine Szene macht. Im Team kommt es jedoch darauf an, wie die Ziele des Teams am besten zu erreichen sind und nicht darum, wie man am besten nur seinen Willen durchsetzt.

◆ Die „Primadonna" – weiblichen und männlichen Geschlechts! – hat irgendwann die Erfahrung gemacht, dass sie mit ihrem Verhalten das bekommt, was sie wünscht. Beweisen Sie ihr, dass das zumindest bei der Arbeit nicht funktioniert. Es mag eine Weile dauern, bis eine „Primadonna" das einsieht, aber wenn Sie unnachgiebig bleiben, wird sie es schließlich lernen.

◆ Reagieren Sie nicht auf Szenen. Finden Sie einfach einen Grund, das Büro zu verlassen, und kommen Sie erst zurück, wenn wieder Ruhe eingekehrt ist. Wenn die „Primadonna" wieder vernünftig ist, hören Sie zu und sprechen Sie mit ihr. Stellen Sie aber das Gespräch sofort ein, wenn sie anfängt kindisch zu werden.

◆ Begegnen Sie emotionellen Ausbrüchen nicht mit heftigen Gegenreaktionen, sondern reagieren Sie gelassen mit ruhigen, objektiven Fakten und Fragen.

◼ Der Spaßvogel

Er singt, während er am Telefon wartet, rülpst ungeniert, lacht schallend, wenn er gerade etwas Lustiges liest … Mit anderen Worten, er ist immer fröhlich, nett und munter, während er alle anderen für frustriert, reizbar und zu wenig produktiv hält. Hier einige Tipps für den Umgang mit diesem Kollegen:

◆ Ein lockeres Gespräch unter vier Augen kann hier von Nutzen sein. Meistens merkt ein Spaßvogel es gar nicht, dass er durch sein Verhalten alle anderen stört. Er ist im Gegenteil der Meinung, dass er einfach nur gute Laune verbreitet. Seien Sie also positiv: „Toll, dass wir einen so lustigen und optimistischen Kollegen haben, besonders wenn es manchmal etwas stressig wird. Allerdings …"

◆ Zeigt das Gespräch keine Folgen, dann sollten Sie räumliche Distanz zwischen dem Spaßvogel und dem Team schaffen. Setzen Sie ihn im Großraumbüro etwas abseits oder geben Sie ihm ein eigenes Büro. Versuchen Sie eine möglichst taktvolle Erklärung dafür zu finden und ihn nicht vor den Kopf zu stoßen. Trüben Sie nicht seine Lebensfreude, indem Sie sagen: „Niemand möchte mit Ihnen zusammensitzen", sondern schlagen Sie vor: „Es ist sinnvoller, dass Sie näher am Faxgerät sitzen" oder „Sie bekommen so oft Kundenbesuch, dass Sie ein eigenes Büro brauchen."

◆ Auch diese überschäumenden Charaktere wird man nicht ändern können und man sollte es auch gar nicht versuchen. Es gibt Zeiten, in denen das Team solch einen Mitarbeiter braucht. In Krisensituationen können gerade diese Frohnaturen dafür sorgen, dass die Kollegen nicht den Mut verlieren.

Der Ehrgeizige

Es tut der Arbeit gut, wenn die Mitarbeiter im Team ein wenig miteinander konkurrieren, sofern dies auf einer freundschaftlichen Basis geschieht und immer auch etwas Glück mit im Spiel ist. So etwas sorgt für Ansporn und Motivation. Zu viel Konkurrenz kann allerdings sehr destruktiv wirken und diejenigen, die immer bald aufgeben und deshalb „verlieren", entmutigen. Deshalb sollten Sie die folgenden Punkte berücksichtigen:

◆ Achten Sie darauf, dass sich der Ehrgeiz des Teams auf seine (internen oder externen) Kunden konzentriert und nicht auf sich selbst. Machen Sie allen auf eine freundliche Weise klar, dass Konkurrenzstreben nach außen und nicht nach innen gerichtet sein muss.

◆ Falls ein besonders ehrgeiziger Mitarbeiter nicht zu bremsen ist, versuchen Sie es so zu arrangieren, dass er mit sich selbst konkurriert: Er versucht seine eigenen Verkaufszahlen immer wieder zu überbieten und nicht die der Kollegen.

◆ Es gibt Fälle, in denen das Konkurrenzdenken so ausgeprägt ist, dass sogar Informationen vor den Kollegen zurückgehalten werden, um den eigenen Vorteil zu wahren. Dadurch kann dem Team ein unermesslicher Schaden zugefügt werden. Sie müssen dem Mitarbeiter unbedingt erklären, warum ein solches Verhalten nicht akzeptabel ist.

◆ Einige Menschen sind von Natur aus so ehrgeizig, dass sie sich nicht zurückhalten können. Falls nichts hilft, übertragen Sie diesen Kollegen am besten Arbeiten, bei denen sie völlig unabhängig sind und wo es nichts zu überbieten gibt.

Der Dominante

Jeder Teamgeist wird zerstört, wenn Mitarbeiter versuchen, sich gegenseitig zu tyrannisieren. Deshalb muss man solch ein Verhalten unbedingt im Auge behalten, auch wenn es sich nicht ganz ausrotten lässt. Sie müssen es aber auf ein Niveau bringen, auf dem alle anderen Mitarbeiter im Team damit umgehen können:

◆ Herrische Menschen picken sich meistens den Schwächsten in der Gruppe heraus. Das ist oft der jüngste und unerfahrenste Kollege. Stellen Sie sich deshalb hinter diesen Kollegen, bis er genug Widerstandskraft aufbringt.

Reagieren Sie nicht aggressiv bei Ihrer Verteidigung, aber erlauben Sie dem dominaten Kollegen nicht, Schwächere zu tyrannisieren. Falls ein herrischer Mitarbeiter versucht, einem anderen Kollegen eine dringende Arbeit aufzudrängen, die er selbst nicht schafft, helfen Sie dem Kollegen: „Frau Müller hat ihre Prioritäten völlig richtig gesetzt. Die Daten, die sie gerade für Herrn Rudolf zusammenstellt, werden dringend gebraucht. Sie kann nicht noch etwas anderes übernehmen, bis sie mit den Unterlagen fertig ist."

◆ Herrische Persönlichkeiten neigen auch dazu, andere einfach niederzuschreien. Reagieren Sie gar nicht. Wenn auch alle anderen ruhig bleiben, wird sich der Tyrann ziemlich dumm vorkommen, weil er aus der Fassung geraten ist. So wird er schnell lernen, sich besser unter Kontrolle zu halten, anstatt sich selbst vor allen anderen zum Trottel zu machen.

■ Der Aggressive

Aggressive Menschen denken und handeln meistens sehr schnell, sind oft unsicher und brauchen Anerkennung und persönliche Macht. Auf diesem Wissen sollten Sie Ihren Umgang mit solchen Kollegen aufbauen:

◆ Da diese Personen schnell vorankommen möchten, dient es dem guten Miteinander, wenn Sie bei gemeinsamen Projekten im gleichen Tempo mithalten.

◆ Auf der Suche nach Anerkennung wird der aggressive Typ manchmal andere niedermachen um sich selbst in den Vordergrund zu stellen. Wenn Sie ihn loben, wo es gerechtfertigt ist, hat er das nicht mehr nötig.

◆ Aggressive Menschen wollen gar nicht, dass man immer nachgibt. Im Gegenteil: Oft mögen sie die nachgiebigen Kollegen nicht und suchen jemanden, den sie respektieren können. Seien Sie deshalb wenn nötig unnachgiebig, aber nicht aggressiv.

■ Der Manipulator

Wer perfekt manipuliert, hinterlässt keine Spuren; man kann ihm nichts nachweisen. Dennoch weiß jeder Bescheid. Direkt darauf angesprochen, wird der Manipulator jedoch alles abstreiten. Geben Sie ihm deshalb das Gefühl, dass Sie ihm zwar helfen, ihn aber nicht bloßstellen möchten:

◆ Wer eine Situation zu manipulieren versucht, muss einen Grund dafür haben. Denken Sie darüber nach und finden Sie heraus, was der Mitarbeiter damit erreichen will.

◆ Sprechen Sie das Thema an ohne ihm Manipulation vorzuwerfen: „Ich habe den Eindruck, dass Sie gern die Betreuung des Kunden XYZ übernehmen möchten. Stimmt das?"

◆ Wahrscheinlich wird der Mitarbeiter hier zustimmen. Falls er aber Ihre Vermutung zurückweist, erklären Sie ihm, wie Sie dazu kommen: „Bei dem Meeting letzten Donnerstag habe ich bemerkt, wie Sie die Fehler betonten, die Herrn Merz neulich bei diesem Kunden unterlaufen sind. Normalerweise sprechen Sie solche Einzelheiten doch nicht an, es sei denn, Sie haben ein besonderes Interesse an dem Thema. Deswegen habe ich angenommen, dass Sie den Kunden XYZ vielleicht gern übernehmen möchten."

◆ Sobald der Mitarbeiter merkt, dass er im Vertrauen offen mit Ihnen sprechen kann und nicht befürchten muss, dass ihm Manipulation vorgeworfen wird, wird er diese Gelegenheit gerne wahrnehmen. Auf diese Weise kann er letztendlich sein Ziel schneller erreichen.

◆ Falls Sie dem Mitarbeiter nicht zusagen können, was er sich wünscht, erklären Sie, warum das nicht geht: „Herr Merz betreut den Kunden XYZ sehr gut, wenn auch vielleicht ein wenig anders, als Sie das vielleicht täten. Der Kunde ist derzeit sehr zufrieden und ich möchte ihm eigentlich keinen neuen Ansprechpartner zumuten, sofern dies nicht notwendig ist." Aber unterbreiten Sie möglichst einen Kompromissvorschlag: „Wenn Sie gern größere Kunden übernehmen möchten, können wir uns natürlich darüber unterhalten und versuchen einen passenden Kunden in Ihre Verantwortung zu geben."

■ Der „Unkonventionelle"

Diese Personen erreichen oft ausgezeichnete Ergebnisse, indem sie gewisse Vorschriften einfach umgehen. Sie arbeiten „unkonventionell" und regelwidrig, weil es Ergebnisse bringt. Ein solches Verhalten bringt zwei grundsätzliche Probleme mit sich. Zum einen kann das Team oder sogar das gesamte Unternehmen in Schwierigkeiten geraten, wenn das regelwidrige Vorgehen entdeckt wird, zum anderen stellen die übrigen Kollegen im Team fest, dass der Mitarbeiter mit seinem Verhalten durchkommt. Folgende Vorgehensweisen sind hier zu empfehlen:

◆ Überlegen Sie, ob der Mitarbeiter nicht vielleicht Recht hat. Möglicherweise ignoriert er nur eine Regel, die das Team sich selbst in den Weg gestellt hat. Vielleicht ist es sinnvoller und effektiver die Vorschrift einfach abzuschaffen.

◆ Wenn das nicht geht, bleiben Sie im Interesse der übrigen Mitarbeiter unnachgiebig. Akzeptieren Sie nicht, dass bessere Ergebnisse erzielt werden, wenn man diese wichtigen Vorschriften ignoriert.

◆ Sobald sich der Mitarbeiter wieder an die Regeln hält, loben Sie ihn für seine Ergebnisse, auch wenn sie nicht so überragend sind wie zuvor. So hat er nicht mehr das Bedürfnis, um jeden Preis die besten Ergebnisse erzielen zu müssen.

◆ Sprechen Sie das Thema bei Zusammenkünften des Teams an. Machen Sie dem unkonventionell arbeitenden Mitarbeiter keine Vorwürfe, sondern gehen Sie auf Vorschriften im Allgemeinen oder auch auf bestimmte Regelungen ein. Wenn der Mitarbeiter weiß, was seine Kollegen über regelwidriges Verhalten denken, wird er sich vielleicht eines Besseren besinnen.

◆ Falls ein Mitarbeiter überhaupt nicht davon abzubringen ist und bestimmte Vorschriften immer wieder umgeht, müssen Sie ihn verwarnen und im Wiederholungsfall vielleicht auch zu disziplinarischen Maßnahmen greifen.

■ Der Drückeberger

Er hat immer eine Entschuldigung parat, wenn er etwas nicht erledigt hat: „Frau Knapp war nicht da, so dass ich die Marktforschungsunterlagen nicht vorliegen hatte" – „Der Computer war ausgefallen" – „Ich musste für Herrn Meyer einen dringenden Bericht anfertigen" ... Man wartet schließlich schon darauf, dass der Hund die Unterlagen gefressen hat. Die Ausreden ziehen oft auch andere Kollegen mit hinein. Das führt dann automatisch zu Konflikten innerhalb des Teams. Hier ist Folgendes zu raten:

◆ Präzisieren Sie Aufgabenstellungen für diese Mitarbeiter sehr genau: „Ich brauche Ihren schriftlichen Bericht – Länge etwa drei Seiten – bis zum kommenden Freitag um 15.30 Uhr." Mitarbeitern, die sich gerne vor Aufgaben drücken, muss man notfalls alle Aufgaben schriftlich geben.

◆ Wenn der Mitarbeiter wieder irgendeine Entschuldigung vorbringt, bleiben Sie trotzdem bei Ihrer ursprünglichen Forderung. Erklärt er beispielsweise, er habe das entsprechende Material noch nicht bekommen, sagen Sie nur:

„Ich sehe ein, dass das die Arbeit erschwert. Den Bericht brauche ich trotzdem bis Freitag."

◆ Gelegentlich tritt vielleicht ein echtes Problem auf. Helfen Sie jedoch erst dann, wenn es wirklich nötig ist, denn sonst lernt der Mitarbeiter nie seine Probleme selbst zu lösen und wird sie immer wieder auf Sie abwälzen. Falls er das versucht, schieben Sie einen Riegel vor: „Ich sehe ein, es ist ein Problem für Sie, dass Sie das benötigte Material nicht erhalten. Was wollen Sie denn unternehmen, damit der Bericht dennoch bis Freitag fertig werden kann?"

◆ Lassen Sie sich nicht ablenken, wenn der Mitarbeiter versucht die Schuld auf einen anderen Kollegen zu schieben. Falls er einmal erzählt, dass Frau Schmidt wohl den Schlüssel für den Schrank mit den Unterlagen mit nach Hause genommen habe, können Sie entgegnen: „Das ist ein anderes Thema. Im Moment sprechen wir darüber, wie Sie diesen Bericht bis Freitag fertig bekommen."

◆ Machen Sie deutlich, dass man für eine Sache verantwortlich ist, wenn man einmal die Verantwortung dafür übernommen hat, egal ob andere Kollegen darin involviert sind oder nicht.

Zusammenfassung

Wenn Mitarbeiter sich als problematische Menschen erweisen, müssen Sie ihnen ein Feed-back geben, das heißt einen Eindruck davon vermitteln, wie sie sich zu ihren Kollegen verhalten und was daraus für die Arbeit des Teams resultiert.

Jeder auch noch so problematische Charakter hat seine Vor- und seine Nachteile. Kennen Sie beides, können Sie im Interesse Ihres Teams damit umgehen, um die Vorteile zu nutzen und die Nachteile möglichst nicht zum Schaden der Kollegen werden zu lassen.

Die Arbeit im Team

WORUM ES GEHT:

Die Harmonie im Teams wird durch Misstöne getrübt, wenn zwei oder mehrere Kollegen Konflikte miteinander haben. Möglicherweise ist der Eindruck entstanden, die Arbeit sei unfair verteilt oder auch der, einige würden bevorzugt, andere vernachlässigt. In solchen Situationen können sich innerhalb des Teams konkurrierende Gruppen bilden. Dies alles belastet nicht nur die Arbeitsatmosphäre, es schadet auch dem Erfolg Ihres Teams.

In diesem Kapitel geht es um folgende Fragen:
Wie geht man mit Konflikten zwischen zwei Kollegen im Team um?
Was ist zu tun, wenn das Team sich in Gruppen spaltet?
Wie verfährt man bei Klatsch und Tratsch?
Wie verhält man sich bei Stress im Team?

KONFLIKTE IM TEAM

Es liegt an Ihnen, Konfliktstoff von vornherein zu vermeiden. Wenn Sie bisher unseren Empfehlungen gefolgt sind, haben Sie bereits gute Vorarbeit geleistet. Sie werden mögliche Konflikte zwischen den Mitarbeitern Ihres Teams verhindern, wenn Sie

◆ sicherstellen, dass jedes Teammitglied sowohl die richtige Funktion als auch die passende Teamrolle besetzt (siehe Kapitel 1)

◆ dafür sorgen, dass jeder Mitarbeiter als Einzelner und als Teammitglied voll motiviert ist (siehe Kapitel 2)

◆ dazu beitragen, dass alle Mitarbeiter im Team sowohl die gemeinsamen als auch ihre persönlichen Ziele genau kennen (siehe Kapitel 2)

◆ alles tun, um interne Konflikte unter gestressten Kollegen oder Mitarbeitern, die persönliche Probleme haben, zu verringern (siehe Kapitel 3)

◆ ein Klima schaffen, in dem alle das Gefühl haben jederzeit mit Ihnen über Probleme sprechen zu können (siehe Kapitel 3)

◆ zwischenmenschlichen Problemen vorbeugen, indem Sie die negativen Einflüsse schwieriger Charaktere minimieren (siehe Kapitel 4).

Wenn Sie all das beachtet haben, dürften eigentlich überhaupt keine schwerwiegenden Konflikte im Team mehr auftreten. Aber wir alle wissen, dass das Leben mancherlei Überraschungen bereithält.

Schulen Sie Ihre Mitarbeiter für die Teamarbeit

Über einige Voraussetzungen für die Arbeit im Team sprachen wir ja bereits. Die Mitarbeiter müssen die Zusammenarbeit im Team lernen, sie müssen sich – genau wie in ihren Arbeitsbereichen – bestimmte Fähigkeiten aneignen, auch die, Konflikte miteinander zu vermeiden.

Konflikte zwischen Teamkollegen entstehen meistens in folgenden Fällen:

1. Ein Mitarbeiter hat das Gefühl, er würde bei der Arbeitsverteilung unfair behandelt. Diese Einschätzung entsteht, wenn er angeblich mehr arbeiten muss als es eigentlich seine Pflicht wäre oder wenn er weniger interessante oder weniger wichtige Arbeiten zu erledigen hat als seine Kollegen.

2. Ein einzelner Mitarbeiter oder eine Gruppe von Teammitgliedern fühlt sich ausgeschlossen. Der Eindruck entsteht dadurch, dass man ihnen angeblich nicht zuhört, ihnen Informationen vorenthält oder sie bei gemeinsamen Entscheidungen nicht zu Rate zieht.

3. Es kommt zu direkten persönlichen Auseinandersetzungen zwischen Mitarbeitern.

Jeder sollte gelernt haben, wie derartige Konflikte zu vermeiden sind. Lassen Sie uns die wesentlichen Gesichtspunkte der angeführten Fälle näher betrachten:

Unfair verteilte Arbeit

◆ Jeder Mitarbeiter versteht, dass das gemeinsame Ziel darin liegt die Aufgaben und Projekte effektiv zu erfüllen. Gewisse Arbeiten werden nur deshalb bestimmten Personen zugeteilt, weil das Team die Stärken jedes Einzelnen nutzt und damit die Teamleistung optimiert. Wenn die Aufgabe es also hin und wieder erfordert, auch in einem anderen Bereich als dem eigenen auszuhelfen, sollte jeder – Sie als Teamleiter eingeschlossen – dazu bereit sein.

◆ Jeder kooperiert mit dem anderen und versteht, dass die Aufgaben fair verteilt sind sowohl im Hinblick auf das Arbeitsvolumen als auch im Hinblick auf die Zuständigkeit und das spezielle Interesse des einzelnen Mitarbeiters. Es kommt ja oft vor, dass ein Kollege eine bestimmte Arbeit nicht mag, während ein anderer Spaß daran findet. Manchmal gibt es aber auch Aufgaben, die niemand gerne übernimmt, die aber dennoch abgearbeitet werden müssen. Hier sollte das Team allerdings darauf achten, dass diese unangenehmen Aufgaben nicht immer von ein und demselben Kollegen erledigt werden müssen. Es ist ganz wichtig, dass niemand unfair behandelt und mit einem unverhältnismäßig hohen Arbeitsanteil belastet wird und dass auch niemand den *Eindruck* gewinnt, dies sei der Fall. Das kann bereits zu Konflikten führen, ob es nun zutrifft oder nicht.

Das Gefühl ausgeschlossen zu sein

◆ Jeder darf frei seine Meinung über jeden einzelnen Aspekt der Teamarbeit äußern – nicht nur zu seinem eigenen Bereich. Alle sollten sich gegenseitig dazu ermuntern.

◆ Alle Informationen, die für die Arbeit des Teams wichtig sein könnten, müssen wirklich allen zugänglich sein. Niemand darf Informationen vor anderen zurückhalten.

◆ Während der Zusammenkünfte und Besprechungen im Team darf jeder nachfragen, wenn etwas unklar bleibt.

◆ Jeder darf Ideen in Frage stellen und Alternativen vorschlagen. Dabei gilt als zweite Regel, dass bei der Diskussion neuer Ideen jeder Vorschlag positiv und mit Respekt aufgenommen wird. Dann zögert niemand seine Einfälle vor allen auszusprechen.

◆ Vorschläge aus dem Team müssen immer erst ganz angehört werden, bevor man darüber diskutiert.

Persönliche Streitigkeiten

◆ Jeder sollte wissen, wie er am wirksamsten und einfühlsamsten mit dem Betroffenen über sein Verhalten sprechen kann (siehe Kapitel 4). Fordern Sie die Mitarbeiter auf direkt miteinander zu sprechen, wenn es Probleme gibt, bevor diese weitere Kreise ziehen. Die Mitarbeiter müssen es als ihre eigene Aufgabe ansehen, Konflikte miteinander zu vermeiden.

◆ Jeder sollte im Interesse des gemeinsamen Zieles zu Kompromissen bereit sein, denn der Prüfstein, an dem das Team gemessen wird, ist die Erfüllung der Ziele und Vorgaben. Damit ein erfolgreiches Endergebnis erzielt werden kann, müssen Kompromisse geschlossen werden.

◆ Jeder sollte bewusst auf die Gefühle der Kollegen achten; es mag sich um mangelndes Selbstvertrauen, Unerfahrenheit oder Stress handeln. Alle sollten sich gegenseitig unterstützen.

Mit diesen Verhaltensregeln können die meisten potentiellen Konflikte zwischen Mitarbeitern schon im Vorfeld vermieden werden. In den wenigen Fällen, in denen eine Vorbeugung nicht greift, wird man mit dem Problem direkt umgehen müssen:

◆ Versichern Sie sich zunächst, dass alle oben genannten Empfehlungen befolgt wurden; falls dies nicht der Fall ist, erinnern Sie im Team erneut daran und achten Sie darauf, dass sich jeder daran hält.

◆ Rufen Sie Ihre Mitarbeiter zusammen und erläutern Sie nochmals deutlich die aktuellen Ziele des Teams. Stellen Sie sicher, dass sie jeder genau kennt und dass alle sich weiterhin auf dieses Ziel konzentrieren.

Sollte auch dies keine Wirkung zeigen, müssen Sie sich mit den betroffenen Mitarbeitern zusammensetzen und offen über das Problem sprechen. Es ist wichtig, dass Sie mit beiden Betroffenen zur gleichen Zeit zusammensitzen. Niemand bekommt dann den Eindruck, es geschähe etwas hinter seinem Rücken. Dadurch verschlimmert sich der Konflikt nur und auch Sie selbst werden in den Disput hineingezogen. Es empfiehlt sich folgende Vorgehensweise:

◆ Sorgen Sie bei dem Gespräch für eine entspannte, zwanglose Atmosphäre. Niemand sollte unter Zeitdruck stehen.

◆ Machen Sie von Anfang an klar, dass es Ihre Aufgabe ist, auf die Erfüllung der Ziele zu achten, und dass Sie dafür verantwortlich sind, dass das Team so effektiv wie möglich darauf hinarbeitet. Ein persönlicher Konflikt wäre diesem Ziel sehr abträglich. Deshalb müssen Sie zum Wohle des gesamten Teams eine Lösung finden. Dabei geht es Ihnen nicht um Schuldzuweisungen, sondern darum, das Problem aus der Welt zu schaffen.

◆ Bitten Sie darum als Vermittler in dieser Sache akzeptiert zu werden und unterstreichen Sie Ihre Überzeugung, dass durch ein vernünftiges Gespräch auch eine Lösung gefunden werden kann, dass aber die Mitarbeiter letztendlich Ihre Entscheidung akzeptieren müssen, falls es nicht zur Einigung kommt.

◆ Erinnern Sie nochmals an die verschiedenen Wege, mit denen man Konfliktlösungen finden kann. Bitten Sie die Mitarbeiter, auf dieser Basis miteinander zu sprechen. Jeder sollte den anderen ausreden lassen, sich auf das konkrete Problem konzentrieren und keine persönlichen Beschuldigungen vorbringen. Außerdem sollte jeder über seine eigenen Gefühle und Reaktionen sprechen und sich nicht darauf konzentrieren, was der andere gesagt oder getan hat.

◆ Halten Sie sich aus der Diskussion so weit wie möglich heraus und greifen Sie nur ein, wenn es darum geht, an die Spielregeln zu erinnern.

◆ Achten Sie unbedingt darauf, keine persönlichen Vermutungen auszusprechen. Wenn Sie einen der beiden Kontrahenten für unvernünftiger oder schwieriger halten als den anderen, lassen Sie sich dies nicht anmerken. Sie sind hier der neutrale Beobachter und sollten sich jeder Meinung enthalten.

◆ Lassen Sie das Gespräch nicht zu Ende gehen, ehe die Kollegen nicht zu einer mündlichen Übereinkunft über ihr Verhalten in der Zukunft gefunden haben. Wenn ein Mitarbeiter dabei zu einem Verhalten gezwungen wird, hält die Einigung nicht. Deshalb ist es ganz wichtig, dass man wirklich zu einer *gemeinsamen* Übereinkunft findet. Es dürfen nicht nur Zugeständnisse um des lieben Friedens willen gemacht werden. Die Betroffenen müssen aufeinander zugehen.

◆ Unterstützen Sie als Teamleiter diese Bemühungen. Vielleicht bittet man Sie, bestimmte Aufgaben neu zu verteilen, andere Prioritäten zu setzen oder die Raumverhältnisse so zu verändern, damit die beiden Kollegen enger oder weiter voneinander getrennt arbeiten. Sie haben die beiden Kontrahenten an einen Tisch gebracht um die Schwierigkeiten zu lösen und müssen sich nun auch kooperativ zeigen, wenn es darum geht Absprachen in die Praxis umzusetzen.

◆ Sprechen Sie nach einigen Tagen oder Wochen erneut mit den Betroffenen. So kann bei niemandem das Gefühl entstehen, er habe sich auf etwas einlassen müssen, womit er vielleicht nicht zurechtkommt, und dass man nicht jederzeit erneut über noch anstehende oder inzwischen neu hinzugekommene Probleme sprechen könne.

◆ Am Ende des Gespräches sollten Sie beiden für ihr kooperatives Verhalten danken. Bei dem Folgegespräch loben Sie jeden Erfolg, der zu verzeichnen ist. Betonen Sie dabei, einen Kompromiss zu finden sei nicht immer einfach und die Mitarbeiter trügen durch ihr kooperatives Verhalten sehr viel zum Wohle des gesamten Teams bei.

GRUPPENBILDUNG INNERHALB DES TEAMS

Wenn Sie unseren Empfehlungen folgen, ist es relativ unwahrscheinlich, dass Ihr Team in einzelne Gruppen zerfällt. Sollte dies dennoch eintreten, dann müssen Sie die Ursache dieser Spaltung herausfinden. Es gibt drei Faktoren, die dafür verantwortlich sein können:

◆ Meinungsverschiedenheiten in bestimmten Grundsatzfragen
◆ Statuskämpfe zwischen Vorgesetzten
◆ Rivalität einzelner Gruppen innerhalb des Teams

Für jede Ursache gibt es eine Reihe von Lösungsmöglichkeiten.

109

Meinungsverschiedenheiten in Grundsatzfragen

Möglicherweise gibt es unter den Mitarbeitern derart gravierende Meinungsverschiedenheiten über das gemeinsame Ziel, dass diese unterschiedlichen Vorstellungen das Team in einzelne Interessengruppen spalten: Vielleicht kann keine Übereinstimmung darin gefunden werden, ob man sich beim Verkauf auf den privaten oder den industriellen Markt konzentrieren soll. Bei Meinungsverschiedenheiten in Team-Fragen ist die folgende Vorgehensweise zu empfehlen:

◆ Nennen Sie das Problem möglichst frühzeitig beim Namen. Ignorieren Sie nichts und hoffen Sie nicht darauf, dass sich alles von alleine löst. Je früher Sie etwas unternehmen, desto besser. Noch besser ist es, eine Spaltung des Teams von vornherein zu vermeiden.

◆ Rufen Sie Ihre Mitarbeiter zusammen und besprechen Sie die Grundsatzfragen. Die Ziele des Teams müssen dabei erneut klar definiert werden. Ein starkes Team wird automatisch einen Konsens anstreben und auch wissen, wie wichtig dieser ist. Ihre Aufgabe ist es, dafür zu sorgen, dass dies auch geschieht.

◆ Sobald das Team zu einer Entscheidung gekommen ist, muss sie festgeschrieben werden. Danach sollten Sie nicht mehr über Vor- oder Nachteile diskutieren. Hinterlassen Sie keinesfalls den Eindruck, die Entscheidung könne später beliebig revidiert werden.

◆ Es kann von Nutzen sein, dieser Grundsatzentscheidung sogleich eine größere Herausforderung für das Team folgen zu lassen. Man kann dazu etwa ein Projekt vorziehen, mit dem normalerweise erst in ein paar Wochen begonnen worden wäre. Zweck dieser Übung ist es, das Team auf ein gemeinsames Ziel einzuschwören und so viel Druck zu erzeugen, dass keine Zeit bleibt den eben getroffenen Entscheidungen und alten Konflikten nachzuhängen. Alle müssen sich nun auf die Zukunft konzentrieren.

◆ Die Einigkeit im Team wächst, wenn die Mitarbeiter mit Gefahren und Rivalitäten von außen konfrontiert werden. Interne Dispute verlieren dann automatisch an Bedeutung. In ähnlicher Weise handeln Diktatoren, wenn sie ihr Volk gegen ein anderes Land in den Krieg schicken, um eine Revolution im eigenen Land zu verhindern.

■ Statuskämpfe

Bei diesem nicht so einfach zu lösenden Konflikt sammeln sich Mitarbeiter um meistens zwei Wortführer innerhalb des Teams, die unterschiedliche Ansichten über die gemeinsamen Ziele vertreten, einen anderen Arbeitsstil bevorzugen oder grundverschiedene persönliche Ambitionen haben. Hier empfiehlt sich folgende Vorgehensweise:

◆ Eine derartige Situation kann nur entstehen, wenn zwei Mitarbeiter in unterschiedliche Richtungen streben. Führen Sie diese Mitarbeiter zum Team, zu dessen Anforderungen und Zielen zurück.

◆ Bringen Sie die betroffenen Mitarbeiter zusammen und verhalten Sie sich – wie bereits empfohlen – als Vermittler, während die beiden ihre unterschiedlichen Ansichten diskutieren.

◆ Zeigen Sie in diesen Situationen keine Nachgiebigkeit. Bleiben Sie hart und weisen Sie darauf hin, dass eine Spaltung innerhalb des Teams nur vermieden werden kann, wenn die Kontrahenten sich einigen. Heben Sie hervor, wie sehr Differenzen dem Team schaden. Wenn den betroffenen Mitarbeitern etwas an der Teamarbeit liegt, müssen sie ihre Kontroverse beilegen.

◆ Die wichtigste Frage, die man in solch einem Falle den Betroffenen stellen sollte, ist: „Wie kann das Team die gestellte Aufgabe am besten erfüllen?" Wenn Sie sich darauf beschränken zu fragen: „Wie kann ich Kollege A motivieren oder erreichen, dass Kollege B nicht mehr beleidigt ist?" bewegen Sie sich auf sehr glattem Parkett, denn die Mitarbeiter werden dann feststellen, dass ihr persönlicher Erfolg nicht etwa von der Überzeugungskraft ihrer Argumente, sondern von ihrer Persönlichkeit abhängt.

◆ Falls die Streitigkeiten bereits ein so kritisches Stadium erreicht haben, dass die Mitarbeiter nicht mehr zum Wohle des Teams zur Kooperation bereit sind, müssen Sie deutlich sagen, dass sie nicht mehr zum Team gehören können.

◼ Rivalität einzelner Gruppen

Rivalität entsteht meistens, wenn es bereits Gruppen im Team gibt – Verkauf Inland und Verkauf Ausland – oder wenn etwa kleinere Arbeitsgruppen zu einem Team vereinigt wurden. In diesem Falle kommt es zur natürlichen Rivalität zwischen beiden Gruppen – wie in der Schule, wo es zwischen zwei Klassen derselben Jahrgangsstufe Konkurrenzkämpfe gibt, obwohl beide Klassen ja zufällig und nicht etwa gezielt nach Fähigkeiten zusammengesetzt worden sind. Gehen Sie bei internen Rivalitäten so vor:

◆ Rivalität muss nicht unbedingt negativ sein. Oft fördert sie eine gesunde Konkurrenz. Wenn Sie beispielsweise zwei Verkaufsgebiete haben, müssen Sie darauf achten, dass eine Konkurrenz nicht zum Negativen ausartet und eine Gruppe zum ewigen Verlierer wird. Neid darf auf keinen Fall entstehen.

◆ Möglicherweise können Sie die bestehenden Parteien in kleinere Gruppen aufspalten, sodass jeder nun mit früheren Konkurrenten und alten Verbündeten zusammenarbeitet.

◆ Wenn die Arbeitsatmosphäre zu sehr leidet und die Rivalität zu ernst genommen wird, sollten Sie vielleicht einige „Anführer" umbesetzen, damit sie nicht mehr konkurrieren können.

◆ Einzelnen Gruppen werden gerne gewisse Eigenschaften zugeschrieben. Andere Teams innerhalb eines Unternehmens gelten z. B. als „clever", „schlecht" oder „aggressiv". Werden zwei Teams miteinander kombiniert, werden die Mitarbeiter mit den Eigenschaften ihres alten Teams belegt. Sorgen Sie dann dafür, dass alle sich als Einzelpersonen respektieren. Mischen Sie verschiedene Teams am Arbeitsplatz, dann organisieren Sie gemeinsame Unternehmungen und sorgen Sie für regelmäßige Zusammenkünfte, damit Gelegenheiten zum gegenseitigen Sich-Kennenlernen bestehen. Bei Betriebsausflügen oder ähnlichen Veranstaltungen kann man Wettbewerbe zwischen gemischten Gruppen veranstalten. So werden ehemalige Rivalen bald zu Verbündeten.

DIE GERÜCHTEKÜCHE

Gerüchte können einem Team sehr leicht schaden. Oft wird übertrieben und die Kollegen glauben plötzlich an „Fakten", die ihr Vertrauen in das Unternehmen erschüttern und sie völlig demotivieren. Hier müssen Sie zweigleisig vorgehen, nämlich „vorbeugend" und „heilend".

Der beste Weg liegt darin die Mitarbeiter von Anfang an über all das zu informieren, was sie wissen wollen, sodass erst gar keine Spekulationen angestellt werden. Wie bereits in Kapitel 2 betont, werden Ihre Mitarbeiter wesentlich motivierter, wenn sie gut informiert sind. Selbst wenn Gerüchte im Umlauf sind, reagieren informierte Mitarbeiter skeptisch, denn sie wissen, dass Sie sie grundsätzlich über wichtige Dinge auf dem Laufenden halten. Dazu gehört auch Vertrauliches. Wenn Sie Ihren Mitarbeitern vertrauen, werden sie Ihnen auch vertrauen.

Es kann natürlich vorkommen, dass gelegentlich Gerüchte laut werden, die das gesamte Unternehmen betreffen und die einen Kern von Wahrheit enthalten, über die Sie aber noch nicht mit dem Team sprechen dürfen. In diesem Falle müssen Sie mit Ihrem Vorgesetzten darüber beraten: „Wir können diese Informationen nicht mehr zurückhalten, wir müssen mit allen Mitarbeitern darüber sprechen und ihnen zumindest bis zu einem gewissen Grade reinen Wein einschenken." Es wäre falsch hier selbst die Initiative zu ergreifen. Stattdessen sollten Sie die Geschäftsleitung davon überzeugen, dass es dem Unternehmen mehr schadet als nützt, wenn man Tatsachen noch weiterhin zurückhält.

Gelegentlich kommen auch völlig falsche Gerüchte auf. In diesem Falle sprechen Sie unbedingt mit dem Mitarbeiter, vom dem Sie vermuten oder wissen, dass er dieses Gerücht in die Welt gesetzt hat und bei Kollegen verbreitet. Denken Sie daran, es geht hier nur um Gerüchte, die die Arbeit und das Unternehmen betreffen. Wenn die Mitarbeiter über Privates tratschen, ist das nicht Ihre Angelegenheit.

◆ Sprechen Sie so mit Ihrem Mitarbeiter, als ob er Ihnen eine nützliche Information liefern könnte und nicht nur irgendein Gerücht verbreitet. Schließlich können Sie sich ja auch nie ganz sicher sein, ob nicht vielleicht doch etwas Wahres daran ist. Sie könnten sagen: „Ich höre, dass Sie die Neuigkeit verbreiten, die Verkaufsabteilung würde in den Norden verlegt. Können Sie mir darüber etwas sagen?" Bitten Sie um Einzelheiten, fragen Sie nach, woher seine Information stammt.

◆ Telefonieren Sie im Beisein des Mitarbeiters mit Kollegen, um sich die Information bestätigen zu lassen. Rufen Sie in unserem Fall den Verkaufsleiter an und fragen Sie, ob die Verkaufsabteilung verlegt wird. Falls der Mitarbeiter das Gerücht nicht selbst in die Welt gesetzt hat, sollten Sie ihn dabei nicht allzu sehr unter Druck setzen. Die Situation wird ihm ohnehin schon peinlich genug sein. Am Ende des Gespräches werden Sie den wahren Verursacher bestimmt kennen.

◆ Wenn Ihre Mitarbeiter wissen, wie Sie mit solchen Gerüchten umzugehen pflegen, werden sie es sich gut überlegen, ob sie in Zukunft Gerüchte verbreiten, denn niemand möchte derart bloßgestellt werden.

◆ Machen Sie deutlich, dass Ihre Mitarbeiter jederzeit zu Ihnen kommen können, wenn sie bestimmte Gerüchte hören, die ihre Arbeit betreffen. Wenn die Mitarbeiter merken, dass sie mit Ihnen offen reden können und dass Sie sie auch soweit nötig informieren, werden sie es gar nicht mehr nötig haben irgendwelche Gerüchte zu verbreiten.

113

STRESS IM TEAM

Es ist schon schlimm genug, wenn ein Mitarbeiter im Team unter Stress leidet. Springt dieser Stress aber auf das gesamte Team über, kann dies katastrophale Folgen haben. Manchmal geht Stress nicht von einer Person, sondern von einer bestimmten Arbeitssituation aus. Vielleicht erkennt das Team, dass es seine Ziele nicht erreicht, es wurde gerade ein wichtiger Vertrag gelöst oder es musste in ein ungemütliches Gebäude umziehen. Was immer dahinter steckt, zunächst einmal müssen Sie überhaupt bemerken, dass Ihr Team unter Stress leidet. Erst dann können Sie dieses Problem angehen.

■ Stress im Team erkennen

Um Ihrem Team Stress anzusehen, müssen Sie zunächst die Symptome kennen lernen. Möglicherweise haben Sie sie schon bei sich selbst oder bei den Kollegen bemerkt? Stress ist ansteckend. Wenn bei vielen oder allen Mitarbeitern folgende Symptome auftreten, dann leiden sie unter Stress:

◆ nachlässige Zeiteinteilung,
◆ schwache Arbeitsleistung,
◆ überzogene Frühstücks- und Mittagspausen,
◆ die Mitarbeiter sprechen in der „Ich"-Form und nicht in der „Wir"-Form,
◆ Gruppenbildung, Gerüchte, Verleumdungen, Cliquenbildung,
◆ man spricht vom Unternehmen als von „ihnen", nicht von „uns",
◆ schlechte Stimmung und wenig Kommunikation,
◆ Ziele und Termine werden nicht eingehalten,
◆ hoher Krankenstand, häufige Abwesenheit,
◆ schlechte oder sogar feindselige Atmosphäre,
◆ wenig Vertrauen und Kooperation,
◆ Stellenanzeigen in Zeitungen werden durchgesehen.

■ Stress kontrollieren

Als erstes müssen Sie die Ursache für den Stress herausfinden. Wenn ein Mitarbeiter das ganze Team ansteckt, dann sprechen Sie mit diesem Mitarbeiter und helfen Sie ihm (siehe Kapitel 3). Falls eine schwierige Situation oder gar eine Krise dahinter steckt, kümmern Sie sich darum (siehe Kapitel 7). Wenn der Schaden allerdings erst einmal angerichtet ist, müssen Sie noch weitergehen und Ihr Team wieder in einen entspannten, positiven Zustand zurückbringen.

1. Einer der häufigsten Gründe für Stress im Team ist ein Mangel an Orientierung. Das Team treibt dahin, weil niemand genau weiß, was man eigentlich mit der Arbeit beabsichtigt. Das können Sie korrigieren:
  – Rufen Sie die Mitarbeiter zusammen und verdeutlichen Sie die Ziele des Teams.
  – Entwickeln Sie mit dem Team eine Zielsetzung für die gemeinsame Arbeit.

2. Stress ist vorprogrammiert, wenn das Team über- oder unterbesetzt ist. Die Mitarbeiter werden sich überbeansprucht und ausgebeutet fühlen, wenn es zu viel Arbeit für zu wenig Mitarbeiter gibt. Andererseits werden sich Mitarbeiter überflüssig vorkommen, wenn sich zu viele Kollegen mit der gleichen Aufgabe befassen. Sprechen Sie deshalb mit jedem einzelnen Mitarbeiter über seine spezielle Aufgabe im Team. Wenn ein Team sich vergrößert oder verändert, müssen hier eventuell Anpassungen vorgenommen werden. In den Gesprächen werden Sie erfahren,
  – welche Mitarbeiter sich langweilen, überlastet oder unmotiviert sind und
  – wo Organisationssysteme und Abläufe ineffektiv und frustrierend auf die Mitarbeiter wirken.

3. Sollte sich das Problem damit noch immer nicht völlig aus der Welt schaffen lassen, sprechen Sie mit dem gesamten Team und bringen Sie zum Ausdruck, dass Sie sich Sorgen machen, weil die Mitarbeiter immer noch unter Stress zu stehen scheinen. Bitten Sie um Vorschläge, wie man das abstellen kann:
  – Sind die Mitarbeiter der Meinung, dass dem Team bestimmte Qualifikationen fehlen oder dass es für bestimmte Aufgaben überqualifiziert ist?
  – Gibt es Gebiete, auf denen die Erfahrung fehlt?

– Haben die Mitarbeiter das Gefühl, dass einige oder alle auf bestimmten Gebieten ausgebildet werden müssen?

– Gibt es Vorschläge, wie man Arbeitsabläufe verändern und damit die Effizienz des Teams steigern könnte?

4. Finden Sie für das Team eine Herausforderung, die den Druck nicht weiter erhöht, die es aber erforderlich macht, dass alle am selben Strang ziehen, und suchen Sie nach einer Aufgabe, die gut zu leisten ist und reichlich Anerkennung bringt, damit sich alle engagieren. Dabei könnte es sich z. B. um die Markteinführung eines neuen Produktes handeln, um eine unterhaltsame Werbeidee oder auch um die Neugestaltung des eigenen Arbeitsplatzes.

Zusammenfassung

Sie werden feststellen, dass Teamkonflikte und Gruppenbildungen gar nicht erst entstehen, wenn Sie die Richtlinien für den Aufbau eines starken Teams im Vorfeld beachtet haben. Bei Schwierigkeiten in der Zusammenarbeit sollten Sie sich immer an drei Grundsätze der Zusammenarbeit im Team erinnern:

Verdeutlichen Sie die Ziele des Teams.

Motivieren Sie Ihr Team so, dass diese Ziele die höchste Priorität genießen.

Sorgen Sie dafür, dass das Team seine Ziele immer im Auge behält.

Mitarbeitergespräche und Team-Meetings

WORUM ES GEHT:

Mitarbeitergespräche gehören zu den wichtigsten Aufgaben eines Vorgesetzten: Sie sind notwendig, um ein starkes und erfolgreiches Team aufzubauen. Und sie setzen bestimmte Fähigkeiten und Techniken voraus. In diesem Kapitel gehen wir daher folgenden Fragen nach:

Wie führt man ein Vorstellungsgespräch, das einen neuen Kandidaten mit der Arbeit eines Teams vertraut macht?

Wie zieht man in einem Beurteilungsgespräch die Bilanz der Zusammenarbeit?

Wie bringt man in einem disziplinarischen Gespräch Fehlverhalten positiv zum Ausdruck?

Wie übermittelt man schlechte Nachrichten einfühlsam und wie geht man mit den Reaktionen um?

Wie führt man Kündigungsgespräche so, dass man darin etwas für die weitere Teamarbeit lernt?

Zur Zusammenarbeit eines erfolgreichen Teams gehören auch Gespräche untereinander. Im zweiten Teil dieses Kapitels behandeln wir deshalb folgende Fragen:

Wie führt man ein effektives Team-Meeting durch?

Wie gibt man in einem Briefing wichtige Informationen an das Team weiter?

MITARBEITERGESPRÄCHE

Jedes Gespräch mit Ihren Mitarbeitern bildet die Grundlage für das Verhältnis Ihres Teams zu Ihnen als dem Vorgesetzten und zum Unternehmen, aber auch im weiteren Sinne für das Verhältnis der Mitarbeiter untereinander. Wenn Ihre Gespräche mit einem Mitarbeiter beispielsweise immer in einer steifen, formellen Atmosphäre und über den Schreibtisch hinweg stattfinden und Sie zu Beginn kein freundliches Wort für Ihren Mitarbeiter finden, dann signalisieren Sie Ihrem Mitarbeiter deutlich, dass Ihnen der Fortschritt der Arbeit wichtiger ist als ein gutes Verhältnis miteinander. Dass das in einem erfolgreichen Team nicht so ablaufen darf, haben wir bereits dargestellt: Ein Team ist deshalb erfolgreich, weil seine Mitglieder so gut miteinander harmonieren.

Außerdem würden Sie sich nach nach dem klassischen Muster Vorgesetzter gegen Untergebener verhalten, aus dem viele traditionelle Vorurteile resultieren. Diese Vorurteile haben in einem Team nichts zu suchen. Es entsteht der Eindruck, dass jeder tun muss, was Sie anordnen, dass niemand widersprechen darf, dass jeder seine Position kennen sollte und dass Ihre Mitarbeiter ihre Untergebenen genauso behandeln sollen wie sie von Ihnen behandelt werden.

Voraussetzung für ein gesundes Team ist eine entspannte Atmosphäre, in der jeder seine Ansichten frei äußert und seinen Teil der Verantwortung trägt. Um diese Haltung zu fördern ist es wichtig, wie Sie die etwas formelleren Aspekte der Zusammenarbeit im Team gestalten. Stellen Sie sicher, dass alle Gespräche immer nach dem gleichen Schema ablaufen, um eine entspannte und dennoch förmliche Atmosphäre zu schaffen:

◆ Sitzen Sie auf bequemen Stühlen möglichst im 90 Grad Abstand zueinander.

◆ An einem Kaffeetisch spricht es sich viel besser als über einen Schreibtisch hinweg.

◆ Bieten Sie eine Tasse Kaffee oder Tee an. Damit können Sie zu verstehen geben, dass Sie es nicht eilig haben und sich für das Gespräch Zeit nehmen wollen. Außerdem wird damit das Verhältnis zwischen Vorgesetztem und Untergebenem umgewandelt in das Verhältnis eines Gastgebers zu seinem Gast.

◆ Achten Sie darauf, dass es keine Unterbrechungen gibt. Damit zeigen Sie, dass Sie Ihren Gesprächspartner ernst nehmen und für wichtig halten. Sie verstärken diesen Eindruck noch, wenn Sie in seiner Anwesenheit darum bitten, nun nicht mehr gestört zu werden.

◆ Seien Sie freundlich, lächeln Sie Ihrem Gesprächspartner zu und sehen Sie ihm in die Augen. Selbst bei einem disziplinarischen Gespräch sollten Sie dem Mitarbeiter das Gefühl geben, dass Sie ihn nicht als Person ablehnen, auch wenn Sie mit seinem Verhalten oder seiner Leistung im Grunde nicht zufrieden sind.

◆ Stellen Sie Ihrem Gesprächspartner einige offene Fragen, die mit „Wie" oder „Was" beginnen und sich nicht nur mit Ja oder Nein beantworten lassen. Dann öffnet er sich Ihnen gegenüber und antwortet frei.

Diese Grundregeln gelten für Vorstellungsgespräche in besonderem Maße. Einer der Bewerber wird später zu Ihrem Team gehören und er wird die Arbeit mit der Erwartung antreten, denselben Arbeitsstil und dieselbe Atmosphäre anzutreffen, wie er sie bei seinem Vorstellungsgespräch kennen gelernt hat. Wenn Sie ihm ein falsches Bild Ihres Teams vermitteln, besteht die Gefahr, dass der Bewerber nicht zum Team passt und Ihr Arbeitsangebot nicht annimmt.

Stellenangebote haben ihre zwei Seiten: Die besten Bewerber haben wahrscheinlich mehrere Angebote zur Auswahl. Sie müssen Ihre freie Stelle überzeugend anbieten, damit sie attraktiv wird, und der Bewerber muss sich selbst und seine Fähigkeiten gut präsentieren, um von Ihnen akzeptiert zu werden.

■ Das Vorstellungsgespräch

Die größte Stärke eines Teams liegt darin, dass es als Ganzes viel mehr darstellt als nur die Summe aus den Qualitäten seiner Mitglieder. Daraus folgt, dass jeder, der neu ins Team aufgenommen wird, diese Einheit optimal ergänzen und damit genau die Teamrolle ausfüllen muss, die zu besetzen ist. Das ist wesentlich wichtiger als die reine Qualifikation des neuen Mitarbeiters.

Es ist daher wichtig, im Voraus ein Rollenprofil, Arbeitsplatzbeschreibungen und Persönlichkeitsprofile für das Team zu erarbeiten. In vielen Unternehmen müssen sich die Bewerber bestimmten Persönlichkeitstests unterziehen. Wenn Sie mit einer Personalberatung zusammenarbeiten, sollten Sie diese über die im Team zu besetzende Rolle genau informieren. So erhalten Sie ein Beurteilungsprofil für jede Stelle im Team. Das kann später z. B. beim Aufbau von Projektgruppen oder bei Neubesetzungen nützlich sein.

Es ist weitaus besser, eine Stelle nicht zu besetzen und mit Stellenanzeigen weiter zu suchen – auch wenn dies für eine gewisse Zeit eine zusätzliche Belastung des Team bedeutet –, als einen Bewerber einzustellen, der nicht ins Team passt. Das wäre sowohl gegenüber dem Bewerber als auch dem Team gegenüber unfair. Es lohnt sich für alle, so lange zu warten, bis man den passenden Mitarbeiter gefunden hat.

Ist eine Umorganisation angebracht?

Vielleicht möchten Sie gar nicht genau den Mitarbeiter ersetzen, der das Team verlässt, oder Sie finden für eine neue Stelle nicht genau denjenigen, der zu dieser Aufgabe passt. Das ist die Chance, sich zunächst einmal im eigenen Team umzusehen, bevor Sie Bewerber von außen in Betracht ziehen. Damit ergibt sich die Gelegenheit für eine Umorganisation. Ist einem Mitarbeiter die Arbeit zu langweilig geworden? Sind bestimmte Mitarbeiter bereit neue Verantwortung zu übernehmen? Ist jemand überlastet? Muss ein Kollege eine Aufgabe übernehmen, die ihm nicht unbedingt liegt?

Wie beim Mühlespiel wird ein Platz frei, wenn eine Figur verschoben wurde: Alles soll am Ende optimal zusammenpassen. Ein Team ist zunächst auch auf eine bestimmte Struktur festgelegt, aber wenn ein „Mitspieler" fehlt, besteht die Möglichkeit auch die anderen Rollen zu verschieben, neue Aufgaben zu vergeben und Verantwortlichkeiten neu zuzuordnen, bis am Ende eine bessere Struktur als vorher entsteht. Erst danach können Sie erkennen, wie die nun offene Stelle aussieht und welche Eigenschaften und Qualifikationen einen neuen Mitarbeiter auszeichnen sollten. Möglicherweise sind es ungefähr die gleichen Anforderungen wie vorher, vielleicht sind aber auch neue Aufgaben hinzugekommen und andere weggefallen oder die Position stellt sich nun völlig anders dar.

Beziehen Sie das Team ein

Zu der Erarbeitung eines Anforderungsprofils für den idealen Kandidaten gehört unbedingt auch die Rücksprache mit Ihrem Team. Eröffnen Sie, dass ein neuer Mitarbeiter für das Team gesucht wird, und bitten Sie um Meinungsäußerungen:

◆ Welche Fähigkeiten sollte er mitbringen?
◆ Welche persönlichen Eigenschaften sollte er haben?

◆ Gibt es besondere Aufgaben, für die der neue Mitarbeiter nach Meinung der Kollegen zuständig sein sollte?

◆ Gibt es bestimmte Interessen oder Eigenschaften, die der Bewerber keinesfalls zeigen sollte? Auch zu viele Überschneidungen können zu Frustration und Konflikten führen.

◆ Haben die Mitarbeiter Vorschläge für eine Umorganisation?

Das Team sollte in jedem Fall zu Rate gezogen werden, nicht nur um seine Ansichten und Meinung zu hören, sondern auch um jedem das Gefühl zu geben, dass er in die Entscheidungen einbezogen wird und für die Entscheidung auch verantwortlich ist. Wenn die Mitarbeiter wissen, dass Sie bei der Auswahl des neuen Kollegen mitgewirkt haben, werden Sie auch eher bereit sein ihn zu akzeptieren und ihm bei der Integration ins Team behilflich zu sein.

Sprechen Sie mit dem gesamten Team, aber machen Sie deutlich, dass selbstverständlich jeder auch unter vier Augen mit Ihnen reden kann, wenn er das wünscht. Möglicherweise gibt es Mitarbeiter, die in der Umorganisation eine Chance sehen bestimmte Aufgaben abzugeben oder neue Verantwortung zu übernehmen. Darüber möchte vielleicht nicht jeder gleich vor allen sprechen und Sie sollten deshalb jedem die Möglichkeit eines persönlichen Gesprächs anbieten.

Sofern die freie Stelle durch den Weggang eines Mitarbeiters entsteht, sollten Sie diesen – wenn möglich – zum Meeting einladen. So erkennen alle, dass jeder Mitarbeiter bis zum letzten Tag für den Erfolg seines Teams wichtig ist. Auf diese Weise bleiben auch ausscheidende Mitarbeiter motiviert und die übrigen Kollegen sehen, dass niemand ausgeschlossen wird. Aus Ihrem Verhalten werden die Mitarbeiter für ihre eigene Person Schlüsse ziehen und davon ausgehen, dass auch sie ebenso fair behandelt werden, wenn sie einmal das Team verlassen.

Das Team sollte die möglichen neuen Kollegen kennenlernen. In einem kleinen Team kann dies schon beim Vorstellungsgespräch geschehen, bei einem größeren Team ist das Kennenlernen etwas umständlicher. Dann könnten Sie z. B. das Team und den Kandidaten zu einem gemeinsamen Mittagessen einladen oder einige Kollegen könnten bei Tests und Einstufungsprüfungen dabei sein. Wie immer Sie es organisieren:

◆ Achten Sie darauf, dass jeder den Kandidaten kennen lernen kann. Dafür müssen Sie unter Umständen auch einmal Termine verschieben.

121

◆ Achten Sie darauf, dass wirklich *jeder* dabei ist. Falls nötig, arrangieren Sie zwei unterschiedliche Termine. Wer ausgeschlossen wurde, wird den neuen Kollegen vielleicht deshalb ablehnen, und es ist ihm egal, wenn dieser keinen guten Start hat: „Es ist schließlich nicht mein Fehler, wenn er nicht hierher passt. Ich habe ihn nicht eingestellt, ich habe ihn bis zu dem Tag, an dem er hier anfing, nicht einmal gesehen."

◆ Hören Sie auf das Team. Das soll nicht nur eine interne Prestigeübung sein, sondern Sie sollten sich wirklich von der Einschätzung Ihrer Mitarbeiter beeinflussen lassen. Sie müssen nicht unbedingt deren Lieblingskandidaten auswählen – solange Sie Ihre Entscheidung rechtfertigen können –, aber es wäre leichtsinnig jemanden einzustellen, den das gesamte Team oder zumindest ein großer Teil ablehnt. Weil das Team wichtiger ist als einzelne Rollen darin: Welche überragenden Fähigkeiten oder Erfahrungen müsste ein Kandidat mitbringen um seine Einstellung zu rechtfertigen, wenn das gesamte Team gegen ihn stimmt!

Das Einstellungsgespräch

Es gibt eine Reihe von Punkten, die bei diesem Gespräch zu beachten sind, damit Sie feststellen können, wie gut ein Kandidat in Ihr Team passt:

◆ Sprechen Sie mit dem Bewerber über Teamarbeit. Welche Erfahrung hat er bereits als Mitglied eines Teams gesammelt? – Eine Frage, die übrigens nicht nur das Arbeitsleben betrifft. Kennt er Beispiele, wo ein Erfolg ohne die Zusammenarbeit eines Teams nicht möglich gewesen wäre? Wie sollten seiner Meinung nach Konflikte und persönliche Reibereien innerhalb eines Teams gelöst werden?

◆ Achten Sie darauf, ob der Bewerber in der „Ich"- oder in der „Wir"-Form spricht, wenn er über seine derzeitige Arbeit und über Gruppen- oder Teamprojekte und deren Erfolge spricht.

◆ Verwendet er, wenn er von seinem derzeitigen Unternehmen erzählt, „wir" oder „sie"? Spricht er von „uns", dann ist das immer ein gutes Zeichen für ein Team-Gefühl der Zugehörigkeit und Zusammenarbeit. Allerdings sollte man daran denken, dass eine andere Ausdrucksweise nicht unbedingt ein Zeichen für eine unkooperative Einstellung ist und vielleicht auch von der jeweiligen Unternehmenskultur abhängt. Oder der Bewerber wählt diese Form, weil Sie ein Außenstehender sind. Lehnen Sie also keinen Bewerber ab, nur weil er von seinem derzeitigen Arbeitgeber in der dritten Person spricht. Verwendet er aber die „Wir"-Form, dann ist das auf jeden Fall ein *positives* Zeichen.

◆ Widerstehen Sie der Versuchung, sich zu sehr auf bestimmte Qualifikationen zu konzentrieren. Daran erkennt man ja nur einen gewissen Ausbildungsstand. Mangelnde Qualifikation aber bedeutet nicht, dass auch ein Mangel an Fähigkeiten vorliegt. Dieser Punkt ist für das Team wichtig: Die Verteilung der Rollen im Team ist wesentlich wichtiger als der Nachweis bestimmter Qualifikationen. Wenn Sie nur auf Abschlüsse und Examen achten, lehnen Sie einen Bewerber, der mit 16 Jahren die Schule verlassen hat, vielleicht von vornherein ab, bevor Sie überhaupt feststellen konnten, dass genau dieser Kandidat ideal zum Rollenprofil Ihres Teams gepasst hätte. Und vielleicht hat dieser Bewerber noch eine Menge anderer Fähigkeiten, für die ihm lediglich ein Zeugnis fehlt. Denken Sie nur einmal an einige bedeutende Industrielle unserer Tage, die weder akademische Grade noch Hochschulabschlüsse vorweisen können.

■ Das Beurteilungsgespräch

Dieses Gespräch bietet den Mitarbeitern die beste Gelegenheit, Meinungen, Ambitionen, Ängste, Probleme sowie positive wie negative Gefühle über ihre Arbeit zur Sprache zu bringen. Somit ist es für Sie die beste Gelegenheit Ihr Verständnis für die Ansichten, Ambitionen, Ängste usw. Ihrer Mitarbeiter zu beweisen. Der Eindruck, den Sie dabei bei Ihren Mitarbeitern hinterlassen, wird ihnen bis zum nächsten Gespräch im Gedächtnis bleiben. Deshalb sollten Sie Ihre Sache gut machen.

Bei Beurteilungsgesprächen sind die zu Beginn dieses Kapitels formulierten allgemeinen Richtlinien besonders wichtig. Sorgen Sie für eine entspannte Atmosphäre ohne Zeitdruck. Wenn das in Ihrem Büro nicht einzurichten ist, müssen Sie einen anderen Ort für das Gespräch wählen. Sich über den Schreibtisch hinweg zu unterhalten wirkt immer steif und förmlich, auch wenn Sie alles tun, um diesem kalten Eindruck entgegenzuwirken. Aber es gibt auch noch andere Maßnahmen, mit denen Sie eine freundliche Atmosphäre schaffen und dem Mitarbeiter das Gefühl geben können, dass Sie auch sonst jederzeit für ihn zu sprechen sind:

◆ Steigen Sie nicht sofort in das Thema ein, sondern plaudern Sie zu Beginn ein wenig. Bis der Kaffee kommt, können Sie sich nach dem neuesten

Projekt erkundigen oder den Mitarbeiter fragen, ob er sich am Wochenende gut erholt hat. So entspannt sich der Mitarbeiter und erkennt, dass er nicht „vorgeladen" worden ist. Sie wissen natürlich, dass Beurteilungsgespräche nicht dazu da sind, jemanden zur Rede zu stellen, aber es wird immer noch Mitarbeiter geben, die nervös sind, obwohl sie wissen, dass dazu überhaupt kein Grund besteht.

◆ Wenn Sie und Ihr Mitarbeiter einen Sinn für Humor haben, dann zeigen Sie das während des Gespräches ruhig hin und wieder.

◆ Beurteilen Sie sich gelegentlich auch einmal selbst und erwähnen Sie Ihre eigenen Schwächen. Wenn der Mitarbeiter Ihnen z. B. erzählt, dass es ihm sehr schwer fällt bei Messen jeden Morgen bereits um 7 Uhr am Stand zu sein, dann sagen Sie ihm vielleicht: „Ich war beeindruckt, wie pünktlich Sie bei der letzten Messe jeden Morgen am Stand waren. Ich weiß, wie schwer das ist. Ich habe jeden Tag Probleme mit dem Aufstehen."

Beurteilungsgespräche sind – wie gesagt – keine Gelegenheit für Überraschungen. Wenn das Benehmen oder die Leistungen eines Mitarbeiters zu wünschen übrig lassen, sollten Sie immer sofort darüber sprechen und nicht bis zum nächsten Beurteilungsgespräch warten, selbst wenn ein Gespräch bereits eine Woche später geplant ist. Das soll nicht heißen, Fehler würden bei Beurteilungsgesprächen nicht diskutiert, aber der Mitarbeiter muss vorher wissen, was zur Sprache kommen wird. Das bringt zwei wichtige Vorteile:

◆ Der Mitarbeiter wird entspannter sein, weil er weiß, dass ihn nichts Unbekanntes erwartet.

◆ Der Mitarbeiter gewinnt mehr Vertrauen zu Ihnen, weil Sie ihn nicht mit bösen Überraschungen konfrontieren.

Wie reagiert man auf das, was man erfährt?

Bei dem Gespräch müssen Sie erreichen, dass die Mitarbeiter Ihnen ihre Bedenken und Hoffnungen offenbaren, und wenn es dazu kommt, genügen ein höfliches Lächeln oder die richtige Geste nicht. Im Einleitungskapitel dieses Buches kam zur Sprache, dass sich der Vorgesetzte mehr oder weniger als „Diener" des Teams verhalten soll. Genau hier liegt Ihre Chance, dem Team Ihre Verbundenheit zu zeigen. Wenn Ihnen jemand etwas berichtet, das ihm sehr viel bedeutet, dann sollten Sie auch etwas unternehmen. Vielleicht denken Sie zunächst einmal darüber nach und sprechen später noch einmal mit dem

Mitarbeiter, aber Sie sollten auf jeden Fall alle Klagen, Empfindlichkeiten und Ärgernisse ernst nehmen. Die Mitarbeiter werden Ihre Verbundenheit mit dem Team danach beurteilen, wie Sie sich in derartigen Situationen verhalten.

Konzentrieren Sie sich auf die Teamarbeit

Genau wie beim Einstellungsgespräch sollten Sie sich auch beim Beurteilungsgespräch für die Teamarbeit Zeit nehmen. Hat der Mitarbeiter das Gefühl, gut in das Team zu passen? Hält er sein Team für effektiv? Sind Verbesserungen möglich? Welchen Beitrag leistet er seiner Meinung nach zum Erfolg des Teams? Wie könnte das Team ihn mehr unterstützen? Achten Sie darauf, dass Sie niemanden dazu ermuntern unangenehme Aufgaben den Kollegen zuzuschieben. Auch hier ist es wieder wichtig die Bedeutung des Teams für Sie als Vorgesetzten und für die Mitarbeiter hervorzuheben.

◼ Das disziplinarische Gespräch

Die erfolgreichsten Teams arbeiten jahrelang zusammen, ohne dass irgend jemand zurechtgewiesen werden muss. Disziplinarische Maßnahmen werden gar nicht erst erforderlich, wenn Sie von Anfang an die richtigen Mitarbeiter gewählt, eine motivierende Arbeitsumgebung geschaffen, bei Problemen zugehört und dafür gesorgt haben, dass die Ziele dem Team und den einzelnen Mitarbeitern immer deutlich waren. Wenn Sie disziplinarisch eingreifen müssen, dann hat irgendwo etwas nicht funktioniert. Versuchen Sie dann zu analysieren, worin Ihr Fehler dabei lag, bevor Sie mit dem Mitarbeiter über sein Fehlverhalten sprechen. Es geht nicht darum, dass Sie sich nun als der allein Schuldige fühlen sollen, sondern darum zu erkennen, dass wir alle nur Menschen sind und deshalb die Gründe für ein Fehlverhalten kennen sollten um Ähnliches in Zukunft zu verhindern.

125

Sind disziplinarische Maßnahmen wirklich notwendig?

Wenn es Ihnen gelungen ist ein erfolgreiches Team aufzubauen, dann sollten Sie zweimal darüber nachdenken, bevor Sie einen Mitarbeiter disziplinarisch maßregeln. Ein wirklich motivierter Mitarbeiter, dem das Team etwas bedeutet, wird absichtlich bestimmt keine Fehler machen. Falls er z. B.

morgens plötzlich ständig zu spät zur Arbeit kommt, ist es viel wahrscheinlicher, dass er persönliche oder organisatorische Probleme hat und das hat bestimmt nichts mit Faulheit zu tun. Wen Sie so motiviert haben, dass er gern aufsteht um zur Arbeit zu gehen, der wird auch pünktlich aufstehen und seine Aufgaben so gut wie möglich erfüllen.

Meistens haben Sie es also mit Fehlern oder Versehen zu tun, nicht mit Faulheit oder Vorsatz. Motivierten Mitarbeitern, denen ein Fehler unterläuft, tut dies leid. Ist es Ihnen nicht auch schon einmal so ergangen? Sie mussten feststellen, dass Sie etwas durcheinander gebracht hatten und dass das Folgen für das Team hatte. Und dann fühlten Sie sich ziemlich unwohl. Sie konnten sich gar nicht schuldiger fühlen und sind nun fest entschlossen, dass so etwas nie wieder geschehen darf – auch ohne eine deutliche Aussprache darüber. Ihren Mitarbeitern geht es wahrscheinlich ganz genauso, wenn ihnen ein Fehler unterläuft.

Wenn Sie jemanden zur Rede stellen, der ohnehin schon seinen Fehler eingesehen hat und deshalb ein schlechtes Gewissen hat, dann stellen Sie damit praktisch seine Loyalität zum Team in Frage: Sie meinen offenbar ihn darauf besonders deutlich hinweisen zu müssen, dass er dem Team gegenüber ein schlechtes Gewissen haben müsse, weil er das selbst nicht bemerkt.

So gesehen wirkt ein Gespräch dieser Art absolut demotivierend und die Mitarbeiter bekommen den Eindruck, dass es sich nicht lohnt sich zu engagieren, da Sie ihnen sowieso nicht vertrauen. Vielleicht ist Ihnen solch ein Gedanke auch schon einmal durch den Kopf gegangen: „Anfangs hatte ich ein schlechtes Gewissen, aber jetzt wünschte ich, ich hätte es noch viel schlechter gemacht."

Stehen Sie zu Ihren Mitarbeitern, die sich engagieren. Falls jemandem ein Fehler unterläuft, müssen die Mitarbeiter dies anerkennen. Danach sollte man darüber reden, wo die Ursachen für den Fehler liegen und was aus dem Missgeschick zu lernen ist. Aber seien Sie äußerst vorsichtig mit disziplinarischen Maßnahmen, denn damit können Sie mehr Schaden anrichten als Nutzen bringen.

Das Gespräch unter vier Augen

Trotzdem kann es gelegentlich vorkommen, dass Sie jemanden maßregeln müssen. Auch in diesen Fällen halten Sie sich besser an gewisse Regeln, die sich in der Praxis bewährt haben. Dann entstehen keine negativen Folgen für das gesamte Team.

❶ Sobald Sie den Eindruck haben, dass es ein Problem gibt, kümmern Sie sich sofort darum. Warten Sie nicht ab, bis sich tatsächlich ernsthafte Schwierigkeiten entwickeln. Dafür gibt es eine Reihe guter Gründe:

◆ Wenn jemand sich falsch verhält, schadet dies dem gesamten Team. Die Kollegen werden frustriert und verärgert darüber sein, dass jemand mit diesem Verhalten durchkommt und dass sie ihn sogar noch mittragen und decken müssen. Deshalb müssen solche Dinge aus der Welt geschafft werden, bevor Unmut entstehen kann.

◆ Es ist wesentlich leichter mit jemandem über ein gerade erkanntes, kleineres Problem zu sprechen als abzuwarten, bis sich ein dauerndes und immer größeres Problem daraus entwickelt. Wenn sich ein Mitarbeiter ein untragbares Verhalten erlaubt, genügt oft bereits eine rechtzeitige maßvolle Verwarnung, damit er erkennt, dass er damit nichts erreichen wird. Warten Sie aber zu lange, dann werden Sie wahrscheinlich ein viel härteres und unerfreulicheres Gespräch führen müssen.

◆ Manches unangebrachte Verhalten entwickelt sich leicht zur Gewohnheit. Nehmen wir einmal das Beispiel des Zuspätkommens. Jemand könnte den Eindruck bekommen, dass es Ihnen gar nicht auffällt, wenn er ständig verschläft und zu spät zur Arbeit kommt. Nach einer Weile hat er noch nicht einmal mehr ein schlechtes Gewissen und versucht überhaupt nicht mehr pünktlich zu sein. Sie sagen immer noch nichts. Mittlerweile steht der Mitarbeiter jeden Tag 20 Minuten später auf als zu Beginn. Wenn Sie ihn jetzt erst darauf ansprechen, wird es ihm schwer fallen sich wieder umzugewöhnen.

◆ Es ist nicht fair gegenüber dem Mitarbeiter, wenn man ein derartiges Problem nicht sofort anspricht. Wenn Sie zwei Wochen lang nichts gesagt haben, als er jeden Tag 20 Minuten zu spät kam, nimmt er an, das sei in Ordnung. Und nun plötzlich erklären Sie ihm, dass das nicht geht.

❷ Vertraulichkeit ist hier ebenfalls ein ganz wichtiger Punkt. Die anderen Mitarbeiter im Team sollten nichts darüber erfahren und Sie sollten auch keine Einzelheiten über das disziplinarische Gespräch weitergeben. Ihr Team muss Vertrauen zu Ihnen haben. Wenn Sie mit den Mitarbeitern über einen Kollegen reden, müssen diese annehmen, dass auch über sie gesprochen wird. Die Mitarbeiter werden dann weniger darauf vertrauen, dass sie ihre Probleme mit Ihnen besprechen können und werden ihre Schwächen auch nicht zugeben, wenn wirklich einmal ein disziplinarisches Gespräch notwendig ist.

3. Wenn Sie mit einem Mitarbeiter über ein Problem sprechen, das Ihnen von einem anderen Kollegen zugetragen wurde, so sollten Sie dennoch Vertraulichkeit wahren. Derjenige, der sich über einen anderen beschwert hat, braucht nur zu wissen, dass Sie etwas unternommen haben und dass Sie unterrichtet werden möchten, falls das Problem erneut auftritt. Lassen Sie sich nicht darauf ein, Einzelheiten des Gespräches weiterzugeben, auch wenn Sie danach gefragt werden.

4. Bleiben Sie konsequent. Nichts untergräbt den Teamgeist mehr als unterschiedliche Reaktionen auf dasselbe Verhalten. Wenn Sie einen Mitarbeiter zunächst einen Monat lang zu spät zur Arbeit kommen lassen ohne ihn anzusprechen, wird der andere Mitarbeiter, der sich ein Jahr vorher bereits nach einer Woche des Zuspätkommens einen Tadel einhandelte, ziemlich verärgert sein. Die Mitarbeiter fühlen sich dann schnell unfair behandelt. Obwohl Sie selbst das Gespräch mit Ihrem Mitarbeiter als absolut vertraulich zu behandeln haben, muss *er* dies ja nicht unbedingt. Und wenn er aus Ihrem Büro kommt und die Kollegen ihn umringen und fragen: „Wie ist es gelaufen?", dann sollte jeder möglichst immer die gleiche Reaktion zu berichten haben bzw. Sie sollten eine abweichende Reaktion Ihren Mitarbeitern begründen können, wenn Sie möglicherweise einmal danach gefragt werden.

■ Eine schlechte Nachricht mitteilen

Niemand gibt gerne schlechte Nachrichten weiter, aber manchmal gehört auch das zu Ihren Aufgaben. Vielleicht wurde einer Ihrer Mitarbeiter z. B. nicht befördert, obwohl er es erwartete. Dann wird es wichtig, wie sensibel sie damit umgehen, und die Form des Gesprächs wird einen großen Einfluss darauf haben, wie dieser Mitarbeiter in Zukunft zu Ihnen und seinen Kollegen im Team steht.

Einige der Grundregeln für derartige Gespräche haben wir ja bereits erwähnt. Am heikelsten ist dabei aber der Umgang mit den teilweise unerwarteten Reaktionen der Mitarbeiter. Manche Menschen verschließen sich nach schlechten Nachrichten völlig, andere werden wütend und wieder andere brechen in Tränen aus. Solche Reaktionen können einen Vorgesetzten ziemlich leicht in Verlegenheit bringen, wenn er nicht weiß, wie er damit umgehen soll. Deshalb hier einige Tipps:

Schweigen als Reaktion

Vielleicht sind Sie der Meinung, man sollte niemanden zum Sprechen zwingen, wenn er dies nicht möchte. Das ist richtig, wenn er wirklich nicht sprechen möchte. Aber Menschen verschließen sich oft auch, weil sie fürchten, ihre Gefühle zu offenbaren oder weil sie im wahrsten Sinne des Wortes sprachlos sind. Die Ursache des Schweigens müssen Sie jeweils selbst beurteilen, indem Sie den Charakter des Mitarbeiters berücksichtigen: Ist er normalerweise ein offener und gesprächiger Typ, dann ist sein Schweigen ein schlechtes Zeichen. Ist er aber ein generell stiller Typ, der kaum Gefühle zeigt, dann gibt es für ihn vielleicht gar nicht mehr viel zu reden. Auch hier wieder einige Tipps:

◆ Gehen Sie nicht von sich aus, wenn Sie einschätzen, wie schwerwiegend die Nachricht für den Mitarbeiter ist. Was Sie selbst vielleicht nur für einen kleinen Rückschlag halten, kann für den Mitarbeiter eine Katastrophe bedeuten. Wenn Sie dann noch hinzufügen: „Nun machen Sie sich mal nicht verrückt, das ist nicht das Ende der Welt", dann wird der Mitarbeiter Angst davor haben seine Gefühle auszudrücken, damit Sie nicht glauben, er übertreibe in seiner Reaktion.

◆ Machen Sie deutlich, dass Ihnen die Gefühle Ihres Mitarbeiters nicht gleichgültig sind. Nehmen Sie sich ausreichend Zeit für ein Gespräch, denn Sie sind sehr besorgt darüber, wie tief ihn die Nachricht trifft.

◆ Stellen Sie offene Fragen um den Mitarbeiter zum Sprechen zu bringen. Fordern Sie ihn auf auch Fragen zu stellen. Hört er von Ihnen ein „Gibt es noch Fragen?", dann antwortet er sicher mit „Nein". Viel ermunternder klänge eine Aufforderung: „Was möchten Sie mich dazu fragen?"

◆ Schlagen Sie vor nach ein oder zwei Tagen nochmals miteinander zu reden, wenn der Mitarbeiter Zeit hatte über die Angelegenheit nachzudenken. So kann er zunächst einmal über den ersten Schreck und die erste Enttäuschung hinwegkommen und hat dennoch eine Chance Fragen zu stellen und die Hintergründe zu klären.

◆ Behandeln Sie diese Gespräche wie immer absolut vertraulich und sprechen Sie mit niemandem darüber.

Die emotionale Reaktion

Bei emotionalen Reaktionen empfehlen sich die folgenden Verhaltensweisen:

◆ Wenn jemand sehr traurig und enttäuscht ist, hilft es oft schon, wenn man ihn in den Arm nimmt oder seine Hand hält. Das zu beurteilen wird Ihnen leichter fallen, wenn Sie bereits vorher darüber nachgedacht haben. Natürlich sollte dies keine einstudierte Reaktion sein und man sollte vorher schon überlegen, ob das einem Mitarbeiter vielleicht unangenehm wäre und ob die Nachricht die Gefühle des Mitarbeiters Ihnen gegenüber beeinflussen könnte. Wenn eine Beförderung abgelehnt wurde, weil Sie dagegen gestimmt haben, dann sind Sie wahrscheinlich der Letzte, von dem der Mitarbeiter getröstet werden möchte. Außerdem sollte man hier natürlich auch berücksichtigen, ob man als männlicher oder weiblicher Vorgesetzter mit einem Mann oder einer Frau spricht.

◆ Je nachdem, welches Verhältnis Sie zu Ihrem Mitarbeiter haben und welche Nachrichten Sie bringen, ist es Ihnen vielleicht lieber, wenn eine dritte Person bei dem Gespräch dabei ist. Da es sich um ein absolut vertrauliches Gespräch handelt, müssen Sie eine vertrauensvolle Person hinzubitten, die Diskretion wahrt. Oder Sie beginnen das Gespräch unter vier Augen, bieten aber an – falls gewünscht –, einen Kollegen, der das Vertrauen Ihres Mitarbeiters genießt, hinzuzuziehen. Tun Sie dies aber telefonisch, damit die Vertraulichkeit gewahrt bleibt.

◆ Falls es dem Mitarbeiter unangenehm ist, dass er weint oder seine Gefühle vor Ihnen offenbart, fragen Sie, ob er ein paar Minuten allein sein möchte. Erledigen Sie inzwischen ein Telefongespräch und lassen Sie ihm fünf Minuten Zeit. Auch am Ende des Gespräches sollte der Mitarbeiter genug Zeit haben, bis er wieder fähig ist seinen Kollegen gegenüberzutreten. Aus diesem Grunde ist es auch empfehlenswert schlechte Nachrichten an einem Ort außerhalb Ihres Büros zu übermitteln, wo Sie ungestört sind.

◆ Bleiben Sie bei Ihrer Entscheidung. Es gibt Mitarbeiter, die vielleicht in einem bewussten oder unbewussten Versuch Ihre Meinung oder die Situation doch noch zu ändern, in Tränen ausbrechen. Die meisten tun dies, weil Sie einfach sehr enttäuscht sind. Bei aller Rücksichtnahme sollten Sie sich aber durch Tränen nicht zu einer anderen Entscheidung als der, die Sie für richtig halten, erweichen lassen. Das wäre kaum im Sinne dessen, was getan werden muss. Auch Ihre Mitarbeiter würden jeden Respekt vor Ihnen verlieren, wenn Sie sich durch emotionale Reaktionen umstimmen ließen.

Das Kündigungsgespräch

Wenn Ihnen Ihre Mitarbeiter etwas bedeuten, dann sollte es auch Ihr Wunsch sein, dass sie in ihrer Arbeit Erfüllung finden. Manchmal wachsen Mitarbeiter einfach aus dem Team heraus. In einem erfolgreichen Team, wo es wenig Personalfluktuation gibt, bieten sich möglicherweise keine Aufstiegschancen mehr und die besten Stellen sind bereits von Kollegen besetzt, die nicht wechseln werden. Es gibt auch Mitarbeiter, die andere Interessen entwickeln und gerne einmal in einer anderen Branche arbeiten – oder die vielleicht „aussteigen" wollen. Es ist ganz wichtig, dass Sie auch dann hinter Ihren Mitarbeitern stehen. Wenn Sie ihnen keine Beachtung mehr schenken, sobald Sie die Kündigung in der Hand halten, dann signalisieren Sie dem Team, dass für Sie nur Mitarbeiter gelten, die Ihnen etwas nützen.

Wenn jemand das Unternehmen verlässt – ohne dass dieser Entschluss von einer dunklen Wolke überschattet ist –, dann behandeln Sie ihn bis zum letzten Tag genau so wie die übrigen Kollegen und beteiligen ihn bei der Auswahl seines Nachfolgers (siehe oben). Der ausscheidende Mitarbeiter kann nun ganz ehrlich zu Ihnen sein, denn er braucht kein Blatt mehr vor den Mund zu nehmen. Wir empfehlen, ein Kündigungsgespräch nach folgenden Regeln zu führen:

◆ Das Gespräch sollte einen informellen Charakter haben. Plaudern Sie ein wenig über die Pläne des Mitarbeiters und fragen Sie, was er durch die Arbeit in Ihrem Unternehmen und Ihrem Team seiner Meinung nach gelernt hat. Zeigen Sie deutlich, wie sehr Sie ihn geschätzt haben.

◆ Begrüßen Sie sowohl positives als auch negatives Feed-back in jeder Form. Versichern Sie dem Mitarbeiter, dass nichts, was er sagt, gegen ihn oder seine Kollegen verwendet werden wird.

◆ Bitten Sie um allgemeine Kommentare, aber stellen Sie auch sehr spezifische Fragen: „Wenn Sie etwas in unserer Organisation ändern könnten, was wäre das?" oder „Was wird Ihnen am wenigsten fehlen, wenn Sie uns verlassen?" oder „Womit hätten wir Sie während Ihrer Zeit bei uns noch besser motivieren können?" oder „Was halten Sie vom Management?"

◆ Reagieren Sie auf die Vorschläge, die Ihnen in diesem Gespräch gemacht werden. Vielleicht hat der scheidende Mitarbeiter seinen Kollegen schon erzählt, was er Ihnen nun gesagt hat. Möglicherweise wurde er sogar von den Kollegen aufgefordert, bestimmte Dinge einmal anzusprechen. Das Team wird dann in jedem Falle bemerken, ob Sie seine Vorschläge igno-

131

rieren oder nicht. Wenn später andere Mitarbeiter das Unternehmen verlassen, werden sie Ihnen im Kündigungsgespräch bestimmt ihre Ansichten vorenthalten, weil sie die Erfahrung gemacht haben, dass Sie diese sowieso nicht beachten. Sollten Sie von den Vorschlägen des ausscheidenden Mitarbeiters nicht überzeugt sein, besprechen Sie sie dennoch mit dem Team um zu hören, wie die anderen darüber denken.

MEETINGS

Genau wie die Einstellungs- und Mitarbeitergespräche zeigen auch effektive Meetings wichtige Managementfähigkeiten, die wir hier nicht im Detail vertiefen können. Aber wie Gespräche sind auch Meetings Teil einer Organisationsstruktur und für die Teamarbeit und für den Teamgeist ungeheuer wichtig. Für Team-Meetings gibt es „Spielregeln", die alle kennen sollten. Ein Meeting soll das Team zusammenschweißen und auf das Ziel focussieren; es soll keine Keile zwischen die Mitarbeiter treiben.

In jedem Kurs und aus jedem Lehrbuch zum Thema Zeitmanagement erfährt man, dass es eine große Zeitverschwendung ist, regelmäßige wöchentliche oder monatliche Meetings abzuhalten – auch dann, wenn es gar nichts zu besprechen gibt, und nur, weil eben montags immer das wöchentliche Treffen stattfindet. Experten empfehlen derartige Meetings einfach ausfallen zu lassen und meistens haben sie auch völlig Recht damit. Andererseits bieten Team-Meetings den Mitarbeitern eine Gelegenheit, Zusammengehörigkeitsgefühl zu entwickeln. Diese „Bindung" aneinander kann man gar nicht hoch genug bewerten und deshalb sollte man regelmäßige Meetings nicht grundsätzlich ablehnen.

In einem kleinen, eng zusammenarbeitenden Team, dessen Mitglieder sich ein Großraumbüro teilen, kann man wöchentliche Meetings auf jeden Fall ausfallen lassen, wenn nichts Wichtiges ansteht. Arbeitet ein Team jedoch in verschiedenen Gebäuden oder im Außendienst und die Kollegen sehen sich nur selten, dann ist ein regelmäßiges Treffen oft die einzige Gelegenheit dafür, Teamgeist zu entwickeln. In diesem Falle ist es besser, auch aus weniger wichtigen Punkten eine Tagesordnung zu erstellen, anstatt das Meeting ausfallen zu lassen. Ihr Team kann diese halbe Stunde kaum besser nutzen, um ein Gefühl für das Team zu entwickeln, das die gleichen Ziele verfolgt.

■ Die Grundregeln

Für die Organisation und Durchführung effektiver Meetings gelten die folgenden Grundregeln:

1. Die Bedeutung, die Mitarbeiter den Meetings beimessen, zeigt ihre Verbundenheit mit dem Team. Deshalb sollte man nach formalen Prinzipien vorgehen, gleichgültig, wie locker die Atmosphäre auch sein mag. Entscheidungen, die von drei oder vier Kollegen an der Kaffeemaschine getroffen werden, haben nun einmal nicht das gleiche Gewicht wie Entscheidungen, die dieselben Kollegen ungestört an einem Tisch treffen, die in einem Protokoll festgehalten werden und deren Durchführung auch kontrolliert wird. Genauso verhält es sich mit Informationen, die verschiedenen Leuten zu verschiedenen Zeiten zugetragen werden. Das kann die Mitarbeiter zu der Annahme verleiten, dass andere mehr wissen oder dass ihnen etwas ganz anderes mitgeteilt wurde. Deshalb sollten möglichst alle Mitarbeiter an den Meetings teilnehmen, die Meetings sollten pünktlich beginnen und nach einer bestimmten, allen vorab bekannten Tagesordnung ablaufen.

2. Beteiligen Sie alle Mitarbeiter an den regelmäßigen Team-Meetings und auch an Meetings, in denen wichtige Entscheidungen getroffen werden. Die Mitarbeiter werden sich für Entscheidungen, die dort getroffen wurden, stärker einsetzen.

3. Projektmeetings sollten immer von einem anderen Kollegen geleitet werden. Damit werden Hierarchien abgebaut und bei den Mitarbeitern wächst das Gefühl, nicht für den Vorgesetzten, sondern für das Team und seine Ziele zu arbeiten.

4. Sorgen Sie für effektive Meetings, an denen auch jeder teilnimmt, indem Sie Ihren Mitarbeitern die folgenden „Spielregeln" vermitteln:
   - Fragen stellen, wenn etwas unklar geblieben ist, und immer bereit sein, eine Aussage zu wiederholen oder zu erklären, falls dies gewünscht wird.
   - Ermuntern Sie auch die zurückhaltenderen Mitarbeiter ihre Meinung zu äußern und halten Sie die dominanten Persönlichkeiten ein wenig in Schach.
   - Hören Sie sich gegenseitig zu und geben Sie jeder Idee die Chance ausgesprochen und mit dem nötigen Respekt behandelt zu werden.

5. Stellen Sie sicher, dass keine für das Team wichtige Entscheidung ohne einen gemeinsamen Konsens getroffen wird. Das hat nichts mit einer einstimmigen Zustimmung oder einer Mehrheitsentscheidung – gegen eine Minderheit, die mit Nein stimmt – zu tun. Mit einem Konsens können alle arbeiten, auch wenn nicht alle unbedingt so entschieden hätten. Es dauert vielleicht länger alle Möglichkeiten und Argumente durchzusprechen als eine einfache Mehrheitsentscheidung herbeizuführen. Aber nur, wenn wirklich *jeder* hinter einer Entscheidung steht, wird er sich auch dafür engagieren. Oft wird deutlich, dass nicht die eigentliche Entscheidung abgelehnt wird, sondern eher die Art, wie sie durchgesetzt wurde. Hier liegt die Chance, eine Entscheidung für das Team akzeptabel zu machen. Das Team muss verstehen, wie wichtig ein Konsens ist, und es sollte schon vorher Einverständnis darüber herrschen, welche Entscheidungen grundsätzlich nur im Konsens zu treffen sind. Wenn die Mitarbeiter erst einmal die Bedeutung eines Konsens verstanden haben, werden sie auch eher zum Konsens streben, selbst wenn dies etwas mehr Zeit braucht.

Team-Briefing

Eine der erfolgreichsten betriebsinternen Kommunikationsmethoden ist das Informationsgespräch im Team, das Briefing. In vielen Unternehmen werden Vorgesetzte und Abteilungsleiter auf diese Weise informiert und sie informieren dann auch ihre Mitarbeiter dementsprechend. Falls Ihr Team in einem großen Unternehmen arbeitet, in dem das noch nicht so praktiziert wird, sollten Sie dies unbedingt anregen. Sie können innerhalb Ihres Teams bereits diese Kommunikationsmethode üben. Für das Briefing im Team spricht:

◆ Niemand kann richtig kooperieren, wenn er nicht genau weiß, was überhaupt verlangt wird. Untersuchungen haben ergeben, dass mehr als die Hälfte aller Konflikte bei der Arbeit auf Missverständnissen beruhen und auf Unklarheit darüber, was das Management mit seinen Entscheidungen tatsächlich erreichen will.

◆ Die beste Methode eine Gruppe von Mitarbeitern zu einem Team zusammenzuschweißen ist die, sie als Team anzusprechen.

◆ Die Tatsache, dass der Teamleiter die Informationsrunde leitet, stärkt seine Position und zeigt auf effektvolle aber nicht konfrontierende Weise sein Engagement.

Damit Team-Briefings effizient werden, sollten Sie die folgenden Regeln beachten. Ein Briefing sollte

◆ persönlich sein,
◆ in kleinen Teams mit vier bis fünfzehn Mitarbeitern stattfinden,
◆ vom Teamleiter geführt werden,
◆ regelmäßig stattfinden (einmal im Monat) und
◆ nur die Arbeit des Teams betreffen.

Überwachung

Falls Ihr Team wiederum anderen Briefing-Systemen untersteht oder falls es innerhalb Ihres Teams noch kleinere Gruppen gibt, die ihre eigenen Informationsgespräche führen, gibt es noch eine weitere Regel zu beachten: Briefings sollten überwacht werden, d. h., wenn Sie selbst leitende Angestellte informieren, die wiederum Briefings für ihre Mitarbeiter und Teams veranstalten, dann sollten Sie

◆ darauf achten, welche Informationen, die sich nur auf das betreffende Team beziehen, zu den Informationen aus Ihrer Runde hinzugefügt werden
◆ von Zeit zu Zeit an deren Informationsgesprächen teilnehmen (allerdings nur als Beobachter)
◆ ab und an durch Stichproben bei den Mitarbeitern herausfinden, wie effektiv das Briefing war.

Durch diese Vorsichtsmaßnahmen stellen Sie sicher, dass das System gut funktioniert und dass sich keine Missverständnisse oder Gerüchte verbreiten.

Die Informationsrunde

Die Zusammenkunft sollte etwa eine halbe Stunde dauern und die folgenden vier Themen sollten dabei grundsätzlich immer angesprochen werden:

1. Fortschritte
Liefern Sie dem Team Informationen über den Leistungsstand. Wurden die Ziele des vergangenen Monats erfüllt? Wo steht das Team im Vergleich zu anderen Abteilungen des Unternehmens oder zur Konkurrenz? Welche neuen Aufträge gingen ein? Gab es besondere Erfolge oder Misserfolge? Hat die Konkurrenz neue Produkte auf den Markt gebracht?

2. Geschäftsgrundsätze

Hier geht es um alle innerbetrieblichen Veränderungen, neue Termine, Urlaubsregelungen, neue Gesetze, die die Arbeit des Teams berühren, Schulungskurse, Renten usw.

3. Mitarbeiter

Neue Mitarbeiter im Team, ausscheidende Mitarbeiter (einschließlich der Information, warum sie ausscheiden und wohin sie wechseln), Veränderungen in der Geschäftsleitung, Veränderungen in anderen Abteilungen, mit denen das Team zu tun hat, Beförderungen (mit Begründung), Überstunden, Umzüge, Abwesenheiten, Standbesetzung für Messen usw.

4. Aktionspunkte

Praktische Informationen wie z. B. neue Sicherheitsmaßnahmen, Verbesserungsvorschläge, aktueller Wartungsbedarf, Richtigstellung umlaufender Gerüchte, Details, die das Haus betreffen usw.

Ein Briefing ist nur die kurze Vermittlung von Informationen ohne Diskussion. Sie sollten Ihre Tagesordnung vorbereiten und diese auch konsequent einhalten:

◆ Fragen sind erlaubt, aber keine langen Debatten. Wenn nähere Informationen, Erklärungen oder Begründungen gewünscht werden, sollten Sie zwar versuchen sie zu geben, sich aber auf keine größeren Diskussionen einlassen. Wenn Sie das Gefühl haben, dass sich ein Streitgespräch entwickelt, weisen Sie darauf hin, dass dies nicht der Ort dafür sei, dass man aber bei einer anderen Gelegenheit gerne näher darauf eingehen könne.

◆ Fordern Sie die Mitarbeiter zu Kommentaren und Vorschlägen auf und notieren Sie sie, aber lassen Sie zu diesem Zeitpunkt auch hier noch keine Diskussion zu. Das kann ebenfalls zu einem späteren Zeitpunkt geschehen.

◆ Falls Ihnen jemand eine Frage stellt, die Sie nicht sofort beantworten können, erkundigen Sie sich innerhalb der nächsten Tage und liefern Sie ihm die gewünschte Information nach.

◆ Vergewissern Sie sich durch Nachfragen, dass jeder komplizierte Sachverhalte wirklich verstanden hat.

◆ Fassen Sie die wichtigsten Punkte am Ende der Besprechung noch einmal kurz zusammen.

◆ Beenden Sie die Zusammenkunft mit einer positiven Nachricht, damit die Mitarbeiter mit einem positiven Gefühl aus der Besprechung heraus an ihre Arbeit gehen.

◆ Überziehen Sie die Zeit nicht. 30 Minuten müssen ausreichen.

◆ Geben Sie bereits den Termin für die nächste Zusammenkunft bekannt, damit jeder sich diese Zeit freihalten kann.

◆ Falls ein Mitarbeiter nicht an dem Briefing teilnehmen kann, informieren Sie ihn nach seiner Rückkehr persönlich.

Das Team-Briefing ist eine der besten Methoden ein erfolgreiches Team aufzubauen. Die Mitarbeiter werden sich schnell daran gewöhnen und es sehr zu schätzen wissen, dass sie immer auf dem Laufenden gehalten werden und wissen, wo sie stehen und wo die gemeinsamen Ziele liegen.

Zusammenfassung

Bei allen Mitarbeitergesprächen sollten Sie sich vor Augen halten, dass Sie Ihre Mitarbeiter fair behandeln müssen und dass vor allem heikle Gesprächsthemen vertraulich zu behandeln sind. Seien Sie Mensch und geben Sie zu, dass auch Sie Fehler machen. Wenn Sie einem Mitarbeiter eine schlechte Nachricht überbringen müssen, dann geben Sie ihm Zeit, mit der neuen Situation fertig zu werden und lassen Sie sich durch stürmische Reaktionen nicht umstimmen.

Versuchen Sie, in Team-Meetings bei wichtigen Entscheidungen Ihren Mitarbeitern keine Entscheidung aufzuzwingen, sondern führen Sie Ihre Mitarbeiter zum Konsens. Team-Meetings dienen nicht nur als Arbeitsbesprechung, sondern auch als Kommunikationsforum. Sie sind wichtig für den Zusammenhalt des Teams.

Briefings dienen der Informationsvermittlung und nicht der Diskussion. Sie sollten kurz und bündig sein und sich auf Wesentliches beschränken.

Schwierige Situationen

WORUM ES GEHT:

In Kapitel 3 sprachen wir über persönliche Probleme von
Mitarbeitern, die leicht auf das Team übergreifen können, wenn
man nicht umgehend gegensteuert. In diesem Kapitel geht es
dagegen um Schwierigkeiten, die von Anfang an das gesamte
Team angehen. Man kann diese grob betrachtet in drei Kategorien
unterteilen: Unfälle (der Ausbruch eines Feuers oder der
Zusammenbruch des Zentralcomputers), organisatorische
Probleme (z.B. Fusionen, Umstrukturierungen, Entlassungen)
sowie menschliche Probleme (z.B. Entlassungen oder Todesfälle).

Auch auf schwierige Situationen kann sich das Team vorbereiten,
wenn man sich früh mit folgenden Fragen auseinandersetzt:
Welches Teammitglied ist in einem Notfall für welche Aufgaben
geeignet?
Wie geht man im Notfall vor, damit niemand den Kopf verliert?
Was ist zu tun, wenn dem Team die Arbeit über den Kopf wächst?
Wie lassen sich organisatorische Umstellungen mit der
Teamarbeit und den Mitarbeitern bewältigen?
Wie verhalten Sie sich, wenn Ihr Team von persönlichen
Schicksalsschlägen getroffen wird?

GRUNDREGELN

Mit bestimmten generellen Vorgehensweisen kann man brisante Situationen immer entschärfen und kleinere Probleme oft schon lösen. Die meisten Schwierigkeiten wurden bereits an anderer Stelle und in einem anderen Zusammenhang angesprochen. Hier die wichtigsten Regeln, damit eine Krise nicht unversehens zum Drama wird:

◆ Halten Sie alle Mitarbeiter zu jeder Zeit über alle Vorgänge auf dem Laufenden.

◆ Versammeln Sie für Informationen und Anweisungen immer das gesamte Team.

◆ Fordern Sie die Mitarbeiter auf zu fragen, wenn sie nähere Informationen brauchen oder etwas nicht verstehen.

◆ Beteiligen Sie die Mitarbeiter an allen wichtigen Entscheidungen. Überlassen Sie ihnen so viel Kontrolle wie möglich.

◆ Stehen Sie zur Verfügung, wenn jemand ein Problem mit Ihnen besprechen möchte. Das bedeutet nicht nur physisch anwesend zu sein, sondern wirklich darauf zu hören, was der Mitarbeiter Ihnen zu sagen hat.

◆ Vermitteln Sie den Mitarbeitern das Gefühl, dass Sie auf ihrer Seite stehen, indem Sie sich darum kümmern und dafür sorgen, dass andere Abteilungen, die Geschäftsleitung oder wer auch immer Mittel zur Verfügung stellen, damit das Problem gelöst werden kann.

◆ Verlieren Sie nie Ihren Sinn für Humor. Lachen ist die beste Medizin gegen Stress. Und wenn Sie auf Spaß eingehen oder sogar selbst dafür sorgen, dann erkennt das Team, wie gelassen Sie sind und dass Sie alles im Griff haben. So wird der Druck weggenommen und Ihre Mitarbeiter erkennen, dass sie nicht wegen jedes kleinen Fehlers angeschrien werden.

UNFÄLLE

Hier handelt es sich um Notfälle, die schnelles Denken und Handeln erfordern. Für ein Team können sie aus verschiedenen Gründen heilsam sein:

◆ Der Zusammenhalt wird gefestigt
◆ die Mitarbeiter müssen ganz einfach zusammenhalten, denn sonst wird die Situation eher schlimmer als besser
◆ in Krisensituationen kommen oft Eigenschaften bei den Mitarbeitern zum Vorschein, von denen die anderen nichts wussten, und der Kollege erscheint dann in einem ganz anderen Licht.

Feuer, Polizei, Krankenwagen und höhere Gewalt

Für diese Notfälle verlassen sich die meisten Vorgesetzten darauf, dass sie schon die richtige Entscheidung treffen werden, wenn solch ein Notfall einmal eintritt. Bis zu einem gewissen Grad ist diese Haltung auch berechtigt, denn niemand kann vorhersehen, was passieren wird: ob das Gebäude in Brand gerät, ein Kunde ohnmächtig wird, eine Bombendrohung eingeht oder mit welcher Situation auch immer man konfrontiert wird. Es lassen sich trotzdem bestimmte Vorkehrungen treffen, die in den meisten Krisensituationen hilfreich sein werden:

1. Achten Sie darauf, dass in Ihrem Team mindestens ein Mitarbeiter in Erster Hilfe ausgebildet wurde. Fragen Sie nicht nur nach Freiwilligen. Stellen Sie eine Liste zusammen mit den Mitarbeitern, die normalerweise im Haus arbeiten, und streichen Sie diejenigen, von denen Sie annehmen müssen, dass sie im Notfall keine große Hilfe sind. Damit haben Sie eine Aufstellung möglicher Ersthelfer zur Hand. Suchen Sie den Ihrer Meinung nach geeignetsten Mitarbeiter aus und fragen Sie ihn, ob er eine Ausbildung zum Ersthelfer machen möchte. Zwingen Sie niemanden zu einer Entscheidung, sondern fragen Sie einen anderen Kollegen, falls ein Mitarbeiter ablehnt. Wenn bestimmte Arbeitsgruppen oft außer Haus arbeiten, z. B. bei

Messeaufbauten oder anderen potentiell gefährlichen Arbeiten, dann sollte auch möglichst ein ausgebildeter Ersthelfer dazugehören. Es kann sehr nützlich sein, wenn der Kollege, der an einer Ausbildung in Erster Hilfe teilgenommen hat, bei einem Team-Meeting kurz die wichtigsten Punkte, die er gelernt hat, für alle weitergibt. Das Training sollte wirklich ernst genommen werden. Ich weiß aus persönlicher Erfahrung, dass man, wenn man irgendwann einmal an einem eintägigen Kurs in Erster Hilfe teilgenommen hat und dieses Wissen dann fünf Jahre lang nicht anwenden muss, nicht mehr weiß, was zu tun ist, wenn plötzlich ein Mensch schwer atmend und blutend vor einem liegt. Die Kenntnisse in Erster Hilfe müssen regelmäßig aufgefrischt werden.

2. Überlegen Sie, welche Notfälle eintreten können und sprechen Sie mit Ihrem Team darüber. Planen Sie, was in solch einem Fall zu tun wäre. Das kann im Falle einer Krisensituation – in die man früher oder später hineingeraten kann – lebenswichtig werden und in jedem Falle schweißt allein schon die Planung des Ernstfalles das Team fester zusammen. Natürlich hat man nicht die Zeit, alle Eventualitäten zu besprechen, aber man sollte beispielsweise darüber sprechen, was zu tun ist, wenn ein Feuer ausbricht, wenn jemand ohnmächtig wird oder der Notarzt gerufen werden muss. Es kann auch für Ihr Unternehmen spezifische Gefahrensituationen geben, z. B. beim Umgang mit gefährlichen Chemikalien oder empfindlichen elektronischen Geräten.

3. Regeln Sie im Voraus, wer in einem Notfall – was immer dies auch sein mag – was zu tun hat. Hier findet wieder die Grundregel Anwendung, dass man die Persönlichkeit eines Menschen nicht ändern, jedoch das Beste daraus machen kann. Sicherlich gibt es Aufgaben, für die sich niemand gerne freiwillig meldet. Sie sollten zumindest schon jemanden im Sinn haben. Wenn es wirklich zu einer Notfallsituation kommt, wird alles besser gehen, wenn jeder weiß, was er als Erstes zu tun hat.

Folgende Rollenverteilung für den Notfall sollten Sie berücksichtigen:

Der „Macher"

In Notfallsituationen ist es nützlich, wenn Sie jemanden zur Seite haben, der Anweisungen umgehend ausführt. Wenn Sie sagen: „Rufen Sie einen Krankenwagen", oder „Räumen Sie zuerst diese Geräte in die oberen Regale", dann tut er das, ohne lange zu diskutieren. Hier brauchen Sie niemanden, der meint: „Genügt es nicht, wenn wir einen Arzt rufen?" oder „Räumen wir doch lieber erst die anderen Geräte nach oben." Es gibt Situationen, in denen Verbesserungsvorschläge nützlich sind, aber in Notfällen dagegen zählt meistens die Schnelligkeit der Entscheidungen. Ein verlässlicher Mitarbeiter an Ihrer Seite, der Ihre Anweisungen ausführt, nützt sehr viel und geht gleichzeitig mit gutem Beispiel voran. Überlegen Sie also rechtzeitig, wen Sie für eine Notfallsituation an Ihrer Seite haben möchten.

Die Person, die einen kühlen Kopf bewahrt

Auch hier sollten Sie planen, wer sich dafür eignet, denn diese Person muss mitten im Geschehen stehen. Ob dieser Mitarbeiter zu schnellen selbstständigen Entscheidungen fähig ist oder nicht, das ist nicht so wichtig. Sie können ihm ja sagen, was zu tun ist. Wichtig ist nur, dass er die nervenaufreibendsten Aufgaben übernimmt. Wahrscheinlich wird dieser Mitarbeiter auch die Erste Hilfe leisten oder zumindest dem Ersthelfer zur Seite stehen oder darauf achten, dass auch wirklich alle das Gebäude verlassen haben, wenn evakuiert werden muss. Das Team kann bei der Planung jemanden aus den eigenen Reihen dafür vorschlagen.

Der Entscheider

In Notfallsituationen gibt es oft zwei Stellen, an denen etwas passiert. Das Feuer ist z. B. im ersten Stock ausgebrochen und die evakuierten Personen werden auf dem Parkplatz versammelt und gezählt. Oder jemand muss den Wasserrohrbruch beheben, während ein anderer damit beginnt den Schaden zu begrenzen und die Ware in Sicherheit zu bringen. Sie selbst können nicht an zwei Stellen gleichzeitig sein. Der Entscheider muss deshalb nicht nur schnell selbstständige Entscheidungen treffen können, sondern auch eine gewisse Autorität im Team besitzen, vielleicht weil er älter oder erfahrener ist oder weil er natürliche Autorität ausstrahlt. Auch diese Rolle sollte im Team besprochen werden, damit es nicht zu Diskussionen kommt, wenn dieser Mitarbeiter anweist: „Ihr drei helft bitte Herrn Müller den zweiten Stock zu evakuieren."

Der Kopflose

Diese Menschen sollte man im Notfall so schnell wie möglich aus dem Weg schaffen. Das kann man ihnen aber leider so nicht sagen. Auch bei der Planung im Team kann diese Rolle nicht vorab diskutiert werden. Im Notfall gibt man diesen Mitarbeitern eine Aufgabe, die sie vom Ort des Geschehens entfernt: „Frau März, Herr Müller braucht Werkzeug, um dieses Leck zu stopfen, könnten Sie einmal nachsehen, ob Sie unten etwas finden."

Der Kollege mit Beziehungen

Er kann Ihnen Unterstützung besorgen. Manche Notfälle können nur mit Hilfe von außen gelöst werden: Jemand muss in Geschäften anrufen und um zusätzliche Helfer bitten, damit das Lager vor der Überschwemmung geräumt werden kann, oder er muss einen Klempner anrufen, der schnellstens den Wasserrohrbruch behebt. Vielleicht kennt er auch jemanden im Betrieb, der sich mit Rohrbrüchen auskennt. Bestimmte Leute eignen sich hier besonders. Sie kennen viele Leute, die sie anrufen können, und scheuen sich auch nicht, um Gefallen zu bitten. Auch diese Rolle kann im Vorhinein innerhalb des Teams festgelegt werden.

Das Genie für Einzelheiten

Wenn jemand weiß, dass er Ihnen zur Seite stehen und Sie auf Dinge aufmerksam machen soll, die Sie vergessen haben, dann wird er sich auch darauf konzentrieren. Das ist eine gute Aufgabe für den „Erfüller" im Team. Sie brauchen jemanden, der sich auf die wichtigsten Einzelheiten beschränkt, der Sie z. B. darauf hinweist, dass sich das elektrische Tor wegen des Stromausfalls nicht öffnen lassen wird, wenn die Feuerwehr kommt, oder dass Sie wegen Überschwemmung besser Ihren Termin mit einem wichtigen Kunden für den Nachmittag absagen sollten, bevor der Kunde losfährt.

Der Problemlöser

Wie retten Sie eine Maschine, die nicht durch die Tür passt, bei einer Überschwemmung? Überlassen Sie dies dem Problemlöser und vielleicht noch einem Helfer, wenn Sie einen entbehren können, während Sie sich um die Rettung der anderen Maschinen kümmern. So etwas kann im Notfall zu viel Ihrer eigenen Zeit in Anspruch nehmen. Überlassen Sie es also einem anderen. Auch hierfür können im Voraus Kandidaten benannt werden.

Der ruhende Pol

Das ist eine gute Aufgabe für Ihren Teamarbeiter. Es ist oft ganz wichtig, dass es jemanden gibt, der die Ruhe bewahrt und die anderen beruhigt. Er beruhigt die Kunden, die evakuiert werden müssen, oder hält die Hand eines Verletzten, bis der Notarzt eintrifft. Diese Aufgabe kann man nicht jedem übertragen. Es gibt Menschen, die das besonders gut können. Manchmal kann sogar ein sehr aufgeregter Kollege diese Aufgabe übernehmen, wenn er sich vom ersten Schock erholt hat.

Im Umgang mit Krisen gibt es keine schnell wirksamen, festen Regeln. Alles hängt von der jeweiligen Situation ab. Dennoch wird alles glatter verlaufen, wenn man vorbereitet ist und den oben genannten Richtlinien für solche Fälle folgt. Im Allgemeinen wird ein gut eingespieltes Team auch mit Krisensituationen (und seien diese auch völlig unwahrscheinlich und unerwartet) besser fertig als eine Gruppe, die einen weniger guten Zusammenhalt hat. Das liegt daran, dass jeder seine Rolle und die Kollegen gut kennt, sodass keine langen Erklärungen nötig sind. Ein gut eingespieltes Team wird z. B. automatisch dem kompetentesten Kollegen ohne Rücksicht auf irgendwelche Hierarchien das Kommando überlassen, wenn ein Notfall eintritt. Eine weniger homogene Gruppe dagegen wird Schwierigkeiten haben, einem „Anführer" zu folgen. Wenn Sie nach einer Notfallsituation überdenken, wie Ihr Team damit umgegangen ist, können Sie gut erkennen, wie stark Ihr Team und sein Zusammenhalt wirklich ist.

Manche Krisen sind schnell vorüber und können von ein oder zwei Mitarbeitern gemeistert werden, wenn sie einen kühlen Kopf bewahren. Andere Krisen dauern länger. Vielleicht müssen Sie Ihre Mitarbeiter bitten, Überstunden zu machen oder am Wochenende zu arbeiten, um eine überflutete Werkshalle aufzuräumen und empfindliche elektrische Geräte in Sicherheit zu bringen? Bei solchen Entscheidungen ist es wichtig, alle einzubeziehen, um niemandem das Gefühl zu geben, nicht erwünscht zu sein. Achten Sie also darauf, dass jeder das Gefühl hat wirklich mitgeholfen zu haben.

■ Totaler Zusammenbruch

Der Hauptcomputer ist ausgefallen, die Telefonzentrale ist zusammengebrochen, die Ausstellungsstücke für die Messe wurden in der Nacht gestohlen … Hier ist meistens so zu verfahren wie bei Unfällen:

◆ Stellen Sie eine Liste aller möglichen „Katastrophen" auf.
◆ Entscheiden Sie dann, welche Rolle jeder Einzelne in diesen Fällen übernehmen kann.

Darüber hinaus gibt es ein Reihe von Maßnahmen, die Sie zur Schadensbegrenzung einsetzen können:

1. Möglicherweise gibt es Mitarbeiter, die bei bestimmten Notfällen besser helfen können als Sie selbst. Wenn ein Computerprogramm abstürzt und Sie selbst nichts davon verstehen, ist Ihr Systemverwalter hierfür Spezialist. Er wird das Problem mit Sicherheit schneller in den Griff bekommen und auch entscheiden können, ob Hilfe von außen notwendig ist oder ob z. B. Aufträge manuell abgewickelt werden sollten statt darauf zu warten, bis das System wieder arbeitet. Sie selbst sollten dann darauf achten, dass die Entscheidungen Ihres Systemverwalters auch wirklich umgesetzt werden. Besprechen Sie mit Ihrem Team, wer in welchen Fällen die Kontrolle übernehmen soll.

2. Bei diesen Problemen bleibt ein wenig Zeit zum Nachdenken und Planen. Das scheint zwar auf den ersten Blick nicht so, aber verglichen mit einem Notfall – z. B. einem Kunden, der in Ihrem Büro mit einem Herzinfarkt zusammenbricht – ist eine solche Krise doch nur halb so schlimm. Machen Sie also das Beste daraus.

Stürzen Sie sich nicht blind in irgendwelche Aktionen und halten Sie lieber eine Krisenbesprechung mit Ihrem Team:

Definieren Sie das Problem

Das Problem ist nicht der Zusammenbruch der Telefonzentrale sondern die Tatsache, dass keine Telefongespräche mehr eingehen oder geführt werden können. Das bedeutet: keine telefonischen Aufträge mehr, keine Reklamationen, keine Anfragen, kein Kontakt mit Lieferanten usw. Man braucht nicht lange um zu erkennen, dass Ihr Ziel nicht die Reparatur der Telefonzentrale sondern die Wiederherstellung der Kommunikationsmöglichkeit mit Kunden und Lieferanten ist.

Diese grundsätzliche Überlegung ist keine Zeitverschwendung: Wird Ihr Problem klar definiert, dann ist es viel leichter alternative Lösungen zu finden. Dann denkt nicht jeder nur an die Telefonzentrale, sondern vielleicht an die Möglichkeit, Mobiltelefone zu beschaffen oder bei wichtigen Kunden persönlich vorbeizufahren.

Setzen Sie Prioritäten

Was ist am wichtigsten? Die Anrufe der Kunden? Der Kontakt zu den Lieferanten? Vielleicht gelingt es Ihnen, für einen Teil der Probleme eine vorübergehende Lösung zu finden. Vielleicht kann die Zentrale zwar noch telefonieren, aber keine Anrufe mehr weiterverbinden, sodass sich alle dieses eine Telefon teilen müssen.

Wenn Sie Prioritäten setzen und festlegen, dass zuerst die wichtigsten Aufträge für die großen Kunden mit den Lieferanten abgesprochen werden sollen und dann die Leitung für eingehende Anrufe offen bleibt, ist Ihr Problem zunächst einmal behoben.

Wägen Sie verschiedene Lösungsmöglichkeiten gegeneinander ab

Der Messestand wurde in letzter Minute gestohlen. Was ist zu tun? Sie können Ihre Teilnahme an der Messe absagen, Sie können ohne Stand teilnehmen, Sie können versuchen, einen provisorischen Messestand zusammenzubauen, Sie können eine 400 km entfernte Niederlassung anrufen und dort einen Messestand ausleihen … Während eines Brainstormings sollte hierzu jeder seinen Ideen freien Lauf lassen. Das braucht nur zwei oder drei Minuten zu dauern, wenn die Zeit drängt.

Treffen Sie nur die Entscheidungen, die notwendig sind

Wenn Sie entscheiden: „Wir halten alle Aufträge zurück, bis der Computer wieder läuft. Wenn er bis Mittag nicht funktioniert, wickeln wir die Aufträge manuell ab", haben Sie nicht bedacht, dass Sie nicht wissen, wie sich die Situation bis Mittag entwickelt. Möglicherweise funktioniert um 12.30 h wieder alles, vielleicht ist am Vormittag ja nur ein einziger Auftrag eingegangen oder auch fünfhundert. Treffen Sie keine Entscheidungen im Voraus – dafür haben Sie keine Zeit. Konzentrieren Sie sich auf die Entscheidungen, die sofort getroffen werden müssen. Sagen Sie also: „Wir halten die Aufträge momentan zurück" und belassen Sie es dabei, bis Sie mehr wissen.

Teilen Sie Aufgaben zu

Sie haben das Problem definiert, die wichtigsten Prioritäten gesetzt, alle Möglichkeiten bedacht und die notwendigen Entscheidungen getroffen. Das hat wahrscheinlich zwischen drei und zehn Minuten in Anspruch genommen. Jetzt geben Sie jedem Mitarbeiter seine Aufgaben und berücksichtigen dabei die schon früher definierte Rollenverteilung für Notfälle.

Achten Sie darauf, dass jeder genau versteht, worum es geht

Sie sind nicht der Einzige, der unter Druck steht, und in einer angespannten Situation können Missverständnisse leicht zur Katastrophe führen. Bleiben Sie ruhig und investieren Sie lieber etwas mehr Zeit um auch sicherzustellen, dass wirklich jeder genau weiß, was nun zu tun ist.

■ Wenn der Ruf leidet

Krisen dieser Art treten sowohl extern als auch intern auf. Zur internen Krise kommt es, wenn das Team plötzlich unbeliebt wird oder bei der ganzen Firma in Ungnade fällt. Vielleicht beneiden andere Teams Ihr Team oder es gab viele

Kundenreklamationen, für die Ihr Team verantwortlich ist und die den Ruf des Unternehmens gefährden? Vielleicht bekommt Ihr Team aber auch von außen eine schlechte Presse, weil ein Unfall geschehen ist, bei dem Gesundheits- und Sicherheitsvorschriften missachtet wurden? Oder vielleicht liegt Ihr neuer Firmenparkplatz in der Nähe einer Schule und die Eltern sind nun über die zusätzliche Abgasbelästigung ihrer Kinder verärgert? Die Ursachen für ein schlechtes Image können vielfältig sein.

Derartige Probleme können solche Ausmaße annehmen, dass Ihr Team sich belästigt und verfolgt fühlt. Das hat natürlich eine äußerst demotivierende Wirkung und kann das Team in einzelne Lager aufspalten: „Sie hätten doch wissen müssen, dass die Zahnräder nicht in Ordnung waren, als wir die Partie freigaben." – „Ich habe schon immer gesagt, dass das Tragen von Schutzbrillen obligatorisch sein sollte." – „Ich hätte auch nicht gern einen riesigen Parkplatz neben der Schule meiner Kinder." Sie haben zwar keinen Einfluss darauf, welche Vorwürfe Ihrem Team gemacht werden, aber Sie müssen etwas gegen diese Vorwürfe unternehmen, damit der Zusammenhalt Ihres Teams nicht gefährdet wird:

◆ Kümmern Sie sich um das Problem. Es gibt bestimmte Möglichkeiten, mit Rufschädigungen umzugehen, die Sie vielleicht schon kennen. Falls nicht, so finden Sie reichlich Literatur und Ratgeber zu diesem Thema. Ihr Team muss merken, dass Sie tatsächlich etwas unternehmen, um ihm zu helfen.

◆ Rufen Sie das Team zusammen – und zwar alle Mitglieder, so schwer dies auch zu organisieren sein mag – und sprechen Sie über das Problem. Nehmen Sie sich mindestens eine halbe bis eine Stunde Zeit dafür, denn sonst entsteht der Eindruck, dass Sie die Sache nicht besonders ernst nehmen.

◆ Erläutern Sie die Situation und finden Sie zu einer Beurteilung, die alle teilen. Konzentrieren Sie sich nicht auf die Ursachen, sondern stellen Sie nur fest, wo das Team jetzt steht: „Der Rest der Firma kritisiert unser Team, weil es eine Menge Reklamationen nach einer Partie mit Ausschlussware gegeben hat, die durch unser Verschulden ausgeliefert wurde." Verwenden Sie „wir" und „uns", damit das Gefühl der gemeinschaftlichen Verantwortung nicht verloren geht.

◆ Konzentrieren Sie sich in dem Gespräch auf die Gegenwart und die Zukunft; lassen Sie nicht zu, dass man darüber diskutiert, wie es zu dem Fehler kommen konnte. Erinnern Sie daran, dass das gesamte Team die Verantwortung dafür trägt und dass es vor allem darum geht, die gegenwärtige Situation zu verbessern.

◆ Wenn alle der Meinung sind, dass die Ursachen noch einmal genauer analysiert werden müssen um solche Probleme in Zukunft zu vermeiden, dann verschieben Sie dies auf einen späteren Zeitpunkt. Zunächst hat das aktuelle Problem Vorrang. Sobald sich die Situation einigermaßen geklärt hat, können Sie zu einem Meeting einladen, in dem dann darüber beraten wird, wie man solche Schwierigkeiten in Zukunft vermeidet.

◆ Dann sorgen Sie dafür, dass sich alle Mitarbeiter auf eine einvernehmliche Lösung einigen. Das Einvernehmen ist dabei viel wichtiger als die Vereinbarung selbst. Das Team soll am Ende dieselbe Sprache sprechen und hinter der Entscheidung stehen. Möglicherweise können Sie an der Situation nur wenig oder gar nichts ändern, dennoch können Sie erreichen, dass der Zusammenhalt des Teams durch einen Konsens (siehe Kapitel 6) gestärkt wird. Vielleicht kommt man nur überein, dass die Situation zwar alles andere als ideal ist, dass man aber eine einheitliche Front präsentieren möchte. Möglicherweise einigt sich das Team auf eine gemeinsame Entschuldigung oder eine gemeinsame Erklärung oder man entscheidet sich letztendlich doch für einen anderen Standort des Firmenparkplatzes.

◆ Wenn das Team einvernehmlich eine Entscheidung trifft, erinnern Sie daran, dass es darum geht die Ziele des Teams zu erreichen, und nicht darum, Unannehmlichkeiten möglichst zu vermeiden. Bitten Sie um die Gründe, wenn Veränderungen gewünscht werden. Veränderungen können durchaus Sinn machen, wenn z. B. beim Aufruhr um das Thema Parkplatz Umstände ans Licht gebracht hat, die man bei der früheren Entscheidung nicht berücksichtigt hatte.

ORGANISATORISCHE PROBLEME

▓ Überbeanspruchung des Teams

Hierzu zählt auch die Überbeanspruchung des Teams, die im Zusammenhang mit Stress bereits einmal in Kapitel 5 angesprochen wurde. Was ist zu tun?

Es sollte gar nicht erst so weit kommen, dass ein Team unter starkem Stress wegen Überbeanspruchung leidet, weil beispielsweise die Geschäftsleitung außergewöhnliche Anforderungen stellt, ein Kollege längere Zeit krank ist oder andere besondere Umstände eintreten. Ganz vermeiden lässt sich dies nicht immer. Für den Umgang mit einem überforderten Team empfiehlt sich Folgendes:

◆ Es ist ganz wichtig, dass diese Überforderung anerkannt wird (siehe auch Kapitel 2). Sagen Sie den Mitarbeitern, dass Sie wissen, wie sehr sie unter Druck stehen und danken Sie ihnen für ihren außergewöhnlichen Einsatz.

◆ Stehen Sie zur Verfügung. Das sollte zwar immer der Fall sein, aber in dieser Ausnahmesituationen wird Ihre Bereitschaft ganz wichtig. Die Leute arbeiten ja oft nicht nur härter, sondern müssen dazu auch noch Dinge erledigen, mit denen sie nicht so vertraut sind, und noch dazu in einem Tempo, das sie nicht gewöhnt sind. Deshalb brauchen sie Ihr Verständnis und Ihre Unterstützung.

◆ Seien Sie dazu bereit, Ihre Standards zu senken. Wenn viel mehr Arbeit in der gleichen Zeit erledigt werden muss, dann müssen manchmal qualitative Abstriche hingenommen werden. Akzeptieren Sie es, dass nicht alles so hochwertig erledigt werden kann wie in einer weniger angespannten Arbeitssituation.

◆ Helfen Sie mit. Wenn z. B. eine Kollegin in Mutterschutz geht und Sie deren Arbeit auf die übrigen Kollegen verteilen, dann übernehmen Sie selbst auch einen Teil davon. Oder Sie entlasten einen Mitarbeiter von einigen seiner täglichen Aufgaben, damit mehr Zeit für seine Vertretungsarbeit bleibt. Natürlich sollte man dabei niemandem die Arbeiten wegnehmen, die er am liebsten erledigt und die am wichtigsten für sein Prestige sind. Fragen Sie deshalb besser: „Was kann ich Ihnen denn abnehmen, solange Sie die Vertretung für Frau Arndt übernehmen?"

◆ Tun Sie auch möglichst etwas gegen die Überbelastung. Manchmal ist dies ja nur von begrenzter Dauer, aber oft ist auch kein Ende abzusehen. Dann können Ihre verständnisvollen und mitfühlenden Worte auf die Dauer ziemlich hohl klingen und das Team gewinnt den Eindruck, dass Sie sich durch ständiges Loben vor der Problemlösung drücken wollen.

■ Wechsel im Management

Ein Wechsel des Vorgesetzten kann durch Fusionen und Übernahmen, durch Neustrukturierung, neue Gesetze oder Umzug usw. entstehen. Es gibt Menschen, die Veränderungen mögen und die neue Herausforderung genießen.

Sie müssen darauf achten, dass diese Kollegen ihre nicht so veränderungs-freudigen Kollegen nicht überrunden. Dabei sind folgende Hinweise hilfreich:

◆ Informieren Sie das Team so früh wie möglich über bevorstehende Verän-derungen und liefern Sie so viele Einzelheiten wie möglich.

◆ Beteiligen Sie die Mitarbeiter so weit wie möglich an den Entscheidungen, indem Sie bei Team-Meetings zu Kommentaren, Fragen und Vorschlägen auffordern.

◆ Ermutigen Sie die Mitarbeiter, auch alle negativen Gefühle offen auszu-sprechen, und hören Sie zu: Vielleicht sind Ihre Mitarbeiter gegen eine Veränderung, weil sie verunsichert sind, weil sie wissen, dass sie nur langsam lernen können oder weil sie fürchten, dass ihre Arbeit dann weniger Bedeutung haben und ihnen ihre Arbeit weniger Freude machen wird. Bitten Sie um ganz klare Aussagen dazu, wo die Bedenken liegen.

◆ Besprechen Sie dann alle Einwände im Einzelnen. Natürlich wird es einige wirkliche Nachteile durch die Veränderung geben. Das sollten Sie auch ruhig zugeben, gleichzeitig aber darauf hinweisen, welche Vorteile die Nachteile mehr als ausgleichen.

◆ Sobald die Veränderung stattgefunden hat, sollten Sie regelmäßig danach schauen, wie diese Mitarbeiter sich in der neuen Situation zurechtfinden, und zwar so lange, bis sie Ihnen ausdrücklich versichern, dass alles wieder seinen gewohnten Gang geht.

Das Büro zieht um

Ein gutes Team wird die praktische Seite eines Umzugs ziemlich problemlos bewältigen. Das eigentliche Problem liegt dabei aber sehr viel mehr im Bereich des Prestiges:

◆ Es gibt nun einmal Schreibtische oder Büroräume, die „bedeutender" scheinen als andere. Das wird natürlich nie so ausgesprochen, sondern es heißt: „Ich muss näher am Parkplatz sitzen, weil ich dann die Musterkar-tons besser transportieren kann" oder „In einem Großraumbüro kann ich doch keine Einstellungsgespräche führen".

◆ Es bringt kaum etwas, die Frage des Prestiges offen anzusprechen, denn die Mitarbeiter werden kaum zugeben, dass es darum geht. Wenn Sie die Hintergründe jedoch kennen, dann können Sie andere Faktoren ins Spiel bringen: den Namen des Mitarbeiters an der Tür, eigene Visitenkarten, einen anderen Titel oder etwas anderes, das den Status erhöht.

◆ Denken Sie daran, dass Prestige nicht im luftleeren Raum entsteht, sondern vom Verhalten der Umgebung abhängt. So kann es sein, dass Herr Meier mit seinem Büro nicht zufrieden ist, weil er meint, dass der Raum, den Sie Herrn Müller zugeteilt haben, besser ist als seiner, er sich aber für genauso wichtig hält wie Herrn Meier. Auch in so einem Falle hilft die genannte Vorgehensweise. Allerdings nützt das nichts, wenn Sie auch Herrn Meier einen neuen Titel oder schöne Visitenkarten verleihen. Versuchen Sie solche Rivalitäten auszuschalten, indem Sie völlig unterschiedliche Statussymbole verteilen, damit ein Vergleich nur schwer möglich ist. Was ist besser: ein repräsentatives Büro oder ein „klingender" Titel? Das ist schwer zu sagen – auch für Herrn Meier und Herrn Müller.

Schlechte Nachrichten

Es gibt verschiedene Arten schlechter Nachrichten:

Sie werden doch nicht in die schönen, neuen Büroräume umziehen. Ihr Team muss im alten Gebäude bleiben.

Sie haben sich das Budget angesehen und es lässt keine Aushilfskraft für einen Terminauftrag zu; Ihre Mitarbeiter müssen die zusätzliche Arbeit selbst übernehmen.

Die Geschäftsleitung hat gerade beschlossen, dass Entlassungen notwendig werden, die auch Ihr Team betreffen.

Einige schlechte Nachrichten betreffen das ganze Team und es ist keine erfreuliche Aufgabe, sie zu überbringen. Die Stimmung wird sehr darunter leiden und nur schwer wieder zu heben sein. Deshalb müssen Sie so positiv wie möglich – soweit dies überhaupt möglich ist – vorgehen, wenn Sie dem Team die schlechte Nachricht übermitteln. Übertriebene Heiterkeit und übertriebener Optimismus sind unangebracht. Hier einige Tipps:

◆ Begründen Sie die Entscheidung, die getroffen wurde. Wenn Sie nicht von Ihnen selbst stammt, dann lassen Sie sich die Begründung von demjenigen geben, der die Entscheidung gefällt hat.

◆ Erinnern Sie an die Ziele des Teams und weisen Sie darauf hin, dass diese immer noch zu erreichen sind und dass dies das Wichtigste ist. Falls die Ziele nun hinfällig werden, formulieren Sie neue Ziele, die sich mit der neuen Situation vereinbaren lassen, und versichern Sie dem Team, dass diese neuen Ziele auch wirklich zu erreichen sind.

151

◆ Sagen Sie den Mitarbeitern, dass es Ihnen leid tut, dass sie nicht in neue Büroräume umziehen können, die sie eigentlich verdient hätten, oder dass Sie keine Aushilfskraft einstellen können. Begründen Sie das vor dem Hintergrund der größeren Unternehmenszusammenhänge.

◆ Manchmal besteht auch die Möglichkeit die Nachteile auszugleichen. Vielleicht können Sie die alten Büroräume renovieren lassen oder einen Teil der Projektarbeit nach außen geben, wenn Sie sich schon keine Aushilfskraft leisten können.

◆ Versuchen Sie eine neue Herausforderung zu finden, auf die die Mitarbeiter ihre Energie richten können. Das sollte etwas sein, wo sie dem Erfolg vertrauen können. Wenn Sie z. B. wissen, dass Ihr Team ein Talent für Präsentationen hat, dann arrangieren Sie eine Präsentation möglichst bald nach einer schlechten Nachricht, damit die Mitarbeiter schnell wieder auf andere Gedanken kommen.

Versagen

Manchmal hängen die schlechten Nachrichten nicht nur mit Pech zusammen, sondern möglicherweise hat das Team ein Projekt verloren, auf das es monatelang hingearbeitet hat, weil die Qualität seiner Arbeit mit der Konkurrenz nicht mithalten konnte. Möglicherweise gab es sogar Tote, weil Ihr Team beispielsweise eine fehlerhafte Sicherheitsschranke geliefert hat, die der Belastung nicht standhielt. Auch in diesem Fällen treffen die schon genannten Ratschläge zu. Zusätzlich dazu sollte man Folgendes beachten:

◆ Versuchen Sie ein Versagen nicht zu verschleiern, sondern stehen Sie dazu: „Wir haben versagt." Machen Sie deutlich, dass Sie dies nicht nur den anderen anlasten – auch Sie sind Teil des Teams –; wahrscheinlich machen sich alle Vorwürfe. Heben Sie ruhig hervor, dass Sie als Vorgesetzter die größte Verantwortung zu tragen haben.

◆ Gegenüber Ihren Vorgesetzten müssen Sie die Verantwortung für das Versagen auf sich nehmen und hinter Ihren Mitarbeitern stehen. Hier gilt wie beim Militär das alte Sprichwort: Es gibt keine schlechten Soldaten, sondern nur schlechte Offiziere. Die Mitarbeiter müssen wissen, dass Sie hinter ihnen stehen und die Schuld nicht auf sie schieben.

◆ Analysieren Sie die Fehler oder Schwächen in einem gemeinsamen Gespräch. Weisen Sie darauf hin, dass jeder es beim nächsten Mal besser machen kann, wenn er bereit ist aus seinen Fehlern zu lernen. Das Team wird *diesen* Fehler bestimmt kein zweites Mal begehen. Wichtig ist, dass die Fehler klar erkannt werden und dass jeder dazu steht.

◆ Wenn das geschehen ist, sollten Sie daran erinnern, dass nicht alles schief gegangen ist. Es gibt bestimmt einige Dinge, die auch gut gelungen sind und die man nun nicht vergessen sollte. Damit können Sie das Gespräch mit einer positiven Wendung abschließen.

◆ Wenn erst einmal etwas Gras über die Sache gewachsen ist, können Sie sich auch einmal einen Witz darüber erlauben. Das hebt die Stimmung und zeigt Ihrem Team, dass ein Misserfolg nicht gleich den Weltuntergang bedeutet. So nehmen Sie den Druck von Ihren Mitarbeitern.

Allerdings sollten Sie einige Punkte dabei unbedingt beachten:

– Machen Sie keine Witze über Fehler, die zu ernsthaften Krankheiten, Verletzungen oder gar zum Tod von Menschen geführt haben.

– Lachen Sie nicht auf Kosten eines Mitarbeiters – außer über sich selbst, wenn Sie das wollen.

– Machen Sie sich über die Unfähigkeit des Teams nicht lustig. Versuchen Sie die Pointe eines Witzes z. B. auf die Konkurrenz zu münzen oder auf kleinere Fehler, die allen unterlaufen sind oder auf die das Team keinen Einfluss hatte. Witzeln Sie über alles andere, nur nicht über Ihr Team und Ihre Mitarbeiter.

◼ Interne Konflikte

Manchmal wird Ihr Team mit anderen Abteilungen des Unternehmens Schwierigkeiten haben, sei es mit dem Management, der Revision o.Ä.. Das kann den Zusammenhalt des Teams im Allgemeinen zwar stärken, trägt aber langfristig nicht zum Erreichen der Ziele bei.

Die Auseinandersetzung mit der richtigen Strategie lasse ich in diesem Zusammenhang ganz außer Acht, denn es ist ein sehr komplexes Thema, das in zahlreichen Büchern behandelt wird. Eine nur knappe Abhandlung dieses Themas würde der Sache nicht gerecht werden, da das Überleben ganzer Unternehmen vom richtigen Umgang mit internen Konflikten abhängen kann. Hier sollte man unbedingt Spezialliteratur und fachkundige Beratung in Anspruch nehmen.

Im Folgenden geht es vor allem um Situationen, wie sie über kurz oder lang in jedem Team vorkommen – der Umgang mit „Fremden" –, und solchen, die den Teamgeist auf eine harte Probe stellen.

Die Zusammenarbeit mit Außenstehenden

Berater oder Revisoren, die von außen zum Team stoßen, können Probleme verursachen. Das Team wird misstrauisch und fragt sich vielleicht, warum externe Berater hinzugezogen werden und ob man die Mitarbeiter nicht für kompetent genug hält. Stellen Sie sicher, dass ein gutes Verhältnis zu dem Außenstehenden entsteht und dass die Stimmung im Team dadurch nicht gestört wird.

◆ Informieren Sie das Team im Voraus, wann und warum Außenstehende zum Team hinzukommen. Erklären Sie, wie sie zum Erreichen der Teamziele beitragen können.

◆ Wer sich übergangen fühlt, sagt das oft nicht. Beugen Sie dem vor und warten Sie nicht erst darauf, dass Mitarbeiter sich beschweren. Erklären Sie, dass ein Berater hinzugezogen wird, weil es sich um eine sehr spezielle Aufgabe handelt, weil Sie jemanden brauchen, der eine objektive Meinung hat (z. B. zum äußeren Erscheinungsbild, damit keine Zweifel an der Objektivität des Teams aufkommen) oder weil Sie niemanden aus dem Team entbehren können, der wichtige Arbeiten zu erledigen hat.

◆ Behandeln Sie die Außenstehenden genau so wie Mitglieder des Teams. Wenn Sie Ihr Team einladen, dann laden Sie diesen neuen Mitarbeiter auch ein. Auf diese Weise wird er schneller in das Team integriert.

Diebstahl

Diebstahl ist eine Angelegenheit für die Polizei. Es ist nicht Ihre Sache, den Schuldigen zu ermitteln, aber Sie müssen alles tun, um der Polizei die Aufklärung der Straftat zu ermöglichen. Wenn ein Mitarbeiter aus dem Team verdächtigt wird, kann dies zu einem ernsten Problem werden:

◆ Machen Sie weiter wie bisher. Geben Sie der Polizei – selbstverständlich vertraulich – die Ihnen vorliegenden Informationen und belassen Sie es dabei. Halten Sie die Augen offen, aber schnüffeln Sie nicht in den Schreibtischen oder Abrechnungen Ihrer Mitarbeiter herum. So etwas fällt sofort auf.

◆ Selbst wenn Ihre Mitarbeiter auch nur für einen Moment den Eindruck gewinnen, dass Sie ihnen misstrauen, kann dies Ihr Verhältnis zu Ihrem Team für immer beeinträchtigen. Ist der Schuldige erst einmal ermittelt worden, werden alle Unschuldigen, die weiterhin mit Ihnen zusammenarbeiten, immer das Gefühl behalten, dass Sie ihnen einen Diebstahl zugetraut haben. Noch schlimmer wird es, wenn Sie nur eine oder zwei Unschuldige verdächtigen.

◆ Verhalten Sie sich beispielhaft. Solange nicht das Gegenteil bewiesen wurde, gehen Sie davon aus, dass niemand aus dem Team zu einem Diebstahl fähig ist. „Wir werden wachsam sein, aber da niemand von uns etwas damit zu tun hat, werden wir uns dadurch nicht bei unserer Arbeit stören lassen."

Feindseligkeiten gegenüber der Geschäftsleitung

Dies entsteht normalerweise durch unpopuläre Entscheidungen oder Veränderungen. Von der Warte des Teams aus betrachtet können solche Entscheidungen den Zusammenhalt des Teams sehr stark unterstützen. Langfristig und im großen Zusammenhang gesehen wirkt eine solche Haltung jedoch eher destruktiv. Eine der schwierigsten Aufgaben eines Vorgesetzten besteht darin, die Loyalität des Teams gegenüber dem Unternehmen als Ganzes sicherzustellen. Einfach nur in die Vorwürfe gegenüber der Geschäftsleitung einzustimmen wäre zu leicht. Man kann nicht als gutes Team in einer schlechten Firma überleben – das gesamte Unternehmen muss Erfolg haben, denn sonst sind alle Arbeitsplätze über kurz oder lang in Gefahr. Wenn eine schlechte Entscheidung der Geschäftsleitung die Verärgerung auslöst, dann sollten Sie Ihren Mitarbeitern gegenüber nicht so tun, als sei es eine gute Entscheidung. Was empfiehlt sich also?

◆ Sie geben zu, dass es eine schlechte Entscheidung ist.
◆ Erinnern Sie Ihr Team daran, dass die Geschäftsleitung weit greifende Überlegungen anzustellen hat.
◆ Weisen Sie auf Schwachpunkte der von Ihrem Team favorisierten Entscheidung hin.
◆ Vergleichen Sie Ihre Geschäftsführung mit dem Management der Konkurrenz und stellen Sie heraus, wie viel besser das eigene Management arbeitet.

PERSÖNLICHE SCHICKSALSSCHLÄGE

Mit Schicksalsschlägen müssen Sie sehr sensibel umgehen. Wenn Sie kein Mitgefühl zeigen, werden die Mitarbeiter Ihnen das sehr übel nehmen. Einige Verhaltenstipps finden Sie im nächsten Abschnitt.

◼ Tod oder schwere Erkrankungen innerhalb des Teams

Tod oder schwere Krankheit eines Teammitglieds sind zweifellos Extremsituationen, in denen besonderes Fingerspitzengefühl gefragt ist. Aber keine Angst, die Mitarbeiter werden erkennen, dass auch Ihnen die Situation zunächst sehr nahe geht und es Ihnen verzeihen, wenn Sie im ersten Moment oder aus Unerfahrenheit nicht angemessen reagieren. Hier einige Ratschläge:

◆ Wenn Sie vom Tod, Unfall oder einer ernsthaften Erkrankung eines Mitarbeiters erfahren, rufen Sie das ganze Team sofort zusammen und unterrichten Sie alle gemeinsam.

◆ Rechnen Sie damit, dass einige Kollegen sehr betroffen sind. Falls Sie einen Berater oder Betriebsarzt zur Verfügung haben, sollte dieser in der Nähe sein. Bei einer unerwartet schlimmen Nachricht sollten Sie den engsten Kollegen des Betroffenen für den Rest des Tages oder sogar für längere Zeit beurlauben. Wichtige Termine verlieren an solch einem Tag ihre Bedeutung, denn wenn das Team den Eindruck erhält, dass Sie die Arbeit über die Menschen stellen, wird der Respekt und die Loyalität Ihrer Mitarbeiter Ihnen gegenüber sehr leiden. Der Zusammenhalt des Teams ist sehr viel wichtiger als das Tagesgeschäft. Jeder wird verstehen, wenn Sie wegen eines schlimmen Unfalls oder eines Todesfalls Termine absagen oder für einen Tag das Geschäft schließen.

◆ Bei einem Todesfall sollten Sie die betroffenen Kollegen für die Beerdigung beurlauben und auch selbst daran teilnehmen. Stellen Sie sicher, dass die Firma einen Kranz oder Blumen schickt, unabhängig davon, was die Kollegen einzeln oder gemeinsam arrangieren.

◆ Lassen Sie Ihrem Team genug Zeit, wieder zum normalen Alltag zurück-zukehren. Das kann je nach Art des Unglücks sogar mehrere Wochen lang dauern. Geben Sie allen das Gefühl, darüber sprechen zu können, und lassen Sie das Unglück nicht zu einem Tabuthema werden.

◆ Falls Sie einen Fehler gemacht haben, geben Sie dies zu: „Es tut mir leid, dass ich Ihnen am Freitag keinen Urlaub gegeben habe. Mir wird erst jetzt klar, wie sehr es alle getroffen hat."

◆ Falls ein Mitarbeiter unter einer schweren Krankheit leidet, aber noch arbeitet, dann lassen Sie ihn entscheiden, wie das Team damit umgehen soll. Vielleicht möchte er nicht, dass die anderen davon erfahren, vielleicht möchte er es den Kollegen selber sagen oder er bittet Sie, die Kollegen zu informieren.

Diagnose HIV-positiv

Viele Menschen, die als HIV-positiv gelten, halten diese Diagnose lieber geheim. Manchmal wird sie aber trotzdem bekannt oder der Betroffene teilt es seinen Kollegen mit. Hier gilt es, sehr sensibel mit dieser Situation umzugehen:

◆ Viele Mitarbeiter werden bestimmt Ihrem Beispiel folgen. Achten Sie deshalb darauf, mit HIV-Infizierten genauso normal umzugehen wie mit jedem anderen auch. Vermeiden Sie keinen körperlichen Kontakt, aber übertreiben Sie auch nicht damit. Erlauben Sie keinen Sonderstatus, indem Sie dem HIV-Infizierten weniger Arbeit zuteilen oder ihm gestatten, später zur Arbeit zu kommen. Falls der Infizierte erkrankt, kann man ihm immer noch bestimmte Zugeständnisse machen, aber vorher nicht. Wichtig ist, dass Sie den Betroffenen entscheiden lassen, was er braucht und was nicht. Ansonsten sollte alles seinen gewohnten Gang gehen.

◆ Falls einige Mitarbeiter Bedenken haben mit einem HIV-Infizierten eng zusammenzuarbeiten, dann sprechen Sie mit ihnen über ihre Ängste. Empfehlen Sie ihnen Literatur zum Thema Aids und raten Sie ihnen, sich einmal von ihrem Arzt darüber aufklären zu lassen.

◆ Wenn der Betroffene es möchte, können Sie auch gemeinsam über das Thema Aids sprechen. Vielleicht will der Betroffene selbst darüber reden oder er zieht es vor, dass ein Mediziner das Team aufklärt. Die meiste Angst vor Aids entsteht aus Unwissenheit. Deshalb ist es das Beste, Unwissenheit durch Wissen zu ersetzen.

157

◆ Wenn alle Bescheid wissen und über Ihre Ängste sprechen konnten, sollte es verpönt sein, dem Betroffenen weiterhin mit irgendwelchen Vorurteilen zu begegnen. Das wird dann wahrscheinlich auch nicht mehr vorkommen, dennoch sollten Sie ganz deutlich machen, dass Sie ein solches Verhalten auch nicht tolerieren werden. Denken Sie dabei aber auch an den Betroffenen, der nicht sehr glücklich sein wird, Anlass dafür zu sein, dass Sie Kollegen maßregeln. Falls eine derartige Situation wider Erwarten doch einmal eskalieren sollte, besprechen Sie unbedingt mit dem Betroffenen, wie man seiner Meinung nach die Schwierigkeiten löst. Selbst wenn Sie am Ende nicht genau danach handeln, sollten Sie die Meinung des Betroffenen unbedingt kennen und berücksichtigen.

◆ Leider sind Vorurteile nie ganz aus der Welt zu schaffen. Sie können nur hoffen, dass die Arbeit des Teams davon unberührt bleibt. Wenn ein Mitarbeiter Vorurteile hat, werden Sie ihn nicht ändern können, Sie können ihn jedoch auffordern, seine Kollegen dies bei der Arbeit nicht merken zu lassen.

■ Affären

Eine Mitarbeiterin hat eine heftige Affäre mit einem der Geschäftsführer. Zwei verheiratete Kollegen haben ein Verhältnis miteinander. Was können Sie in solchen Fällen unternehmen?

◆ In 95% der Fälle überhaupt nichts, denn das Privatleben Ihrer Mitarbeiter geht Sie nichts an.

◆ Es geht Sie erst dann etwas an, wenn die Zusammenarbeit des Teams und die Arbeitsergebnisse darunter leiden. Dann sollten Sie die Betroffenen zur Seite nehmen und sie wissen lassen, dass Sie mit den Auswirkungen, die ihr Verhalten auf das Team hat, gar nicht glücklich sind. Falls beide Personen aus Ihrem Team stammen, sprechen Sie getrennt mit beiden, da beide zu dem Problem beitragen und vielleicht nicht offen reden, wenn der andere anwesend ist.

◆ Tun Sie so, als ob es die Affäre überhaupt nicht gäbe. Wenn der Rest des Teams den Eindruck bekommt, dass eine Kollegin sich plötzlich mehr erlauben kann, nur weil sie ein Verhältnis mit einem der Geschäftsführer hat, dann werden Sie deren Vertrauen verlieren. Lassen Sie deshalb alle merken, dass dies für Sie keinen Unterschied macht.

◆ Kompliziert kann es auch werden, wenn zwei Mitarbeiter des Teams liiert waren und es zu einem Bruch zwischen beiden kommt. Noch schlimmer wird es, wenn die anderen Kollegen dann auch noch Partei für den einen oder anderen ergreifen.

Auch in diesem Falle sollten Sie unbedingt mit beiden Betroffenen einzeln ein Gespräch führen und sie wissen lassen, dass sie dem Team schaden und zumindest für die Arbeitszeit eine vernünftige Lösung finden sollten. Sagen Sie ruhig, dass diese Mitarbeiter dafür verantwortlich sind, wenn ihretwegen im Team Uneinigkeit entsteht. Sprechen Sie auch kurz mit den übrigen Mitarbeitern. Erklären Sie ihnen, dass die Privatangelegenheit zwischen Herrn X und Frau Y niemanden etwas angeht und dass die Arbeit nicht darunter leiden darf.

Eigene Ansichten zum Privatleben von Teammitarbeitern haben am Arbeitsplatz nichts zu suchen, auch wenn es schwer fällt.

◆ Wenn die Atmosphäre trotz der Aussprache gespannt bleibt, dann versuchen Sie, die beiden Betroffenen möglichst weit getrennt voneinander arbeiten zu lassen, indem Sie sie auf Geschäftsreise schicken oder ihre Einsatzpläne ändern. Die beiden werden bestimmt dankbar dafür sein.

Das Problem sollte sich ohnehin relativ schnell lösen, denn wenn die beiden nicht mehr miteinander im Team arbeiten können, wird der eine oder der andere früher oder später um seine Versetzung in eine andere Abteilung bitten oder kündigen.

■ Ein Mitarbeiter fällt in Ungnade

In einem motivierten und erfolgreichen Team dürfte so etwas überhaupt nicht vorkommen. Dennoch kann es passieren, dass ein Mitarbeiter wegen Trunkenheit, Diebstahl oder Ähnlichem beschuldigt wird und die Mitarbeiter erfahren davon. Oder er ist für einen Fehler oder eine Fahrlässigkeit verantwortlich, die dem Team schadet. Hierfür einige Hinweise:

◆ Gehen Sie angemessen mit einer solchen Situation um und verwarnen Sie den betroffenen Mitarbeiter bzw. ergreifen Sie entsprechende disziplinarische Maßnahmen.

◆ Danach behandeln Sie ihn wie vorher und lassen Sie das Team merken, dass die Angelegenheit für Sie damit erledigt ist und dass Sie nicht nachtragend sind.

Entlassung eines Mitarbeiters

Für den unwahrscheinlichen Fall, dass Sie einem Teammitglied einmal kündigen müssen, hier einige grundsätzliche Vorschläge:

◆ Sprechen Sie mit den übrigen Mitarbeitern, sobald der Betroffene ausgeschieden ist. Geben Sie keine vertraulichen Informationen über das Fehlverhalten ihres früheren Kollegen weiter, aber sprechen Sie aus, dass Sie die Entlassung bedauern und dass dabei keine persönlichen Antipathien im Spiel waren: Der Mitarbeiter musste entlassen werden, weil er mit seinem Verhalten dem Erfolg des Teams geschadet hätte. Die Kollegen haben dies wahrscheinlich schon selbst bemerkt und werden Ihre Entscheidung deshalb verstehen. Falls angebracht, weisen Sie darauf hin, dass es nicht am Menschen selbst lag, sondern dass er als Mitarbeiter einfach nicht ins Team passte.
◆ Betonen Sie, dass Sie im Interesse des Teams gehandelt haben und dass das Team nun noch erfolgreicher arbeiten wird. Drücken Sie Ihre Wertschätzung für die verbleibenden Mitarbeiter aus.

Solch schwierige Situationen sind nicht immer leicht zu bewältigen, aber denken Sie daran, dass sie für die übrigen Teammitglieder ebenso unangenehm, wenn nicht sogar noch schlimmer sind. Behandeln Sie Ihre Mitarbeiter immer mit Respekt, auch wenn Sie unter großer Anspannung stehen. Nehmen Sie Schwierigkeiten ernst und geben Sie Ihren Mitarbeitern die verdiente Anerkennung, wenn schwierige Phasen überstanden sind. Wenn erst einmal Gras über die Sache gewachsen ist und Sie aufatmen können, dann werden Sie feststellen, dass Sie mit dem Problem richtig umgegangen sind und dass Ihr Team dadurch noch enger zusammengewachsen ist als vorher und an Stärke gewonnen hat.

Zusammenfassung

Die persönlichen Charaktereigenschaften, die einen Mitarbeiter für seine Teamrolle(n) prädestinieren, sollten Sie auch in Notfällen nutzen, damit das Team als Ganzes in einer solchen Situation so gut wie möglich reagieren kann. Wer was besonders gut kann, das sollten Sie mit dem Team für alle Fälle besprechen. Organisatorische Schwierigkeiten lassen sich am besten meistern, wenn man sie einvernehmlich und im Gespräch mit allen Beteiligten regelt. Durch neue Herausforderungen an das Team können Sie die Aufmerksamkeit Ihrer Mitarbeiter von internen Problemen ablenken und auf die gemeinsame Arbeit richten.

Wird das Team von persönlichen Schicksalsschlägen getroffen, dann beweisen Sie Feingefühl und Respekt und geben Sie allen Beteiligten Zeit, damit umzugehen. Nicht Leistung und der Erfolg stehen dann an erster Stelle, sondern die Menschen, die in Ihrem Erfolgsteam zusammenarbeiten.

Versuchen Sie Unwissenheit, die zu Vorurteilen führt, durch Wissen zu ersetzen.

KAPITEL 8

Wie geht es weiter?

WORUM ES GEHT:

Gratulation! Es ist Ihnen gelungen, ein Erfolgsteam aufzubauen. Aber wie geht es nun weiter? Wenn Sie sich gemütlich zurücklehnen und nichts unternehmen, werden Sie nach einigen Monaten feststellen, dass Ihr Team gar nicht mehr so erfolgreich ist, wie Sie dachten. Das liegt daran, dass Teams sich genauso ändern wie sich Menschen ändern. Die Mitarbeiter langweilen sich mit der Zeit über das alltägliche Einerlei und brauchen neue Herausforderungen. Es motivieren sie jetzt andere Aufgaben als noch vor einem Jahr. Auch die Arbeit ändert sich. Und besonders auf erfolgreiche Teams warten neue Verantwortungen.

All das kann entweder zu Konflikten führen oder zu noch größerem Erfolg beitragen. Es hängt ganz davon ab, wie Sie Ihr Team durch diese Veränderungen führen.

In diesem Kapitel geht es daher um folgende Fragen:

Was ist für die Weiterbildung jedes Teammitgliedes zu beachten?

Wie kann man ein Team als Ganzes weiterbilden?

Mit welchen Herausforderungen wird das Team motiviert?

Wie kann man das Team umstrukturieren?

Wie kann man ein Team für seinen Erfolg belohnen?

Was ist zu beachten, wenn man das Team erweitert, teilt oder wenn es sich in kleine Arbeitsgruppen splittet?

WEITERBILDUNG

Dieses Thema wurde bereits in Kapitel 2 angesprochen. Weiterbildung dient nicht nur der Vermittlung neuer praktischer Fähigkeiten, wie z. B. der Bedienung eines neuen Computerprogramms, sondern sie hat auch noch eine ganz andere Funktion:

◆ In einem Weiterbildungskurs können das Gespräch miteinander, das Zuhören, die Teamarbeit (siehe Kapitel 5) und vieles andere geübt werden.

◆ In jedem Kursteilnehmer wächst das Gefühl gebraucht und geschätzt zu werden. Sie würden ja keine Zeit und kein Geld in seine Weiterbildung investieren, wenn es sich nicht lohnte. Wenn Sie Mitarbeiter zu Lehrgängen schicken, geben Sie ihnen damit das Gefühl, dass sie Ihnen wichtig sind und dass Sie ihnen noch mehr zutrauen.

◆ Die Mitarbeiter werden durch Weiterbildung motiviert, weil sie sich damit neue Fähigkeiten aneignen können. Damit eröffnen sich ihnen neue Aufgaben, Verantwortungsbereiche und Herausforderungen.

◆ Wenn Sie das Team gemeinsam fördern, wird dies den Zusammenhalt stärken, da jeder Schwächen zugeben und neue Stärken entdecken kann. Außerdem bleibt diese gemeinsame Erfahrung für immer erhalten: „Erinnerst du dich daran, als wir uns beim Training gemeinsam von der Steilwand abseilen mussten und Barbara dabei ihren Stiefel verloren hat?" Schon wegen dieser gemeinsamen Erlebnisse ist es für die Teamarbeit besser, das Team immer gemeinsam zur Weiterbildung zu schicken als einzelne Mitarbeiter zu delegieren.

◆ Gemeinsame Weiterbildung ermuntert auch, gemeinsam Erlerntes in der Praxis anzuwenden: Jeder weiß vom anderen Kollegen, was er gelernt hat, und die Gruppe spornt sich gegenseitig an bzw. erinnert sich gegenseitig an Vergessenes.

■ Das Weiterbildungsprogramm

Sie müssen sowohl für jeden Einzelnen als auch für das Team als Ganzes Weiterbildungsprogramme erarbeiten. Folgen Sie dabei nicht der alten Methode fauler Manager, die sich einfach ansehen, welche Kurse angeboten werden, und dann überlegen, wen man dort einmal hinschicken könnte. Das nützt meistens überhaupt nichts und die Mitarbeiter wissen das auch.

Ihr Weiterbildungsprogramm sollte sich nach der Nachfrage und nicht nach dem Angebot richten:

◆ Überlegen Sie, welche Fähigkeiten – sowohl im praktischen als auch im menschlichen Bereich – den einzelnen Mitarbeitern nützen könnte, z. B. Zeitmanagement.

◆ Fragen Sie dann die Mitarbeiter, welche Art der Weiterbildung sie benötigen bzw. was sie gerne lernen möchten, damit sie in Zukunft neue Verantwortung übernehmen können.

Daraus sollten Sie für jeden einzelnen Mitarbeiter Ihres Teams ein sinnvolles, individuelles Weiterbildungsprogramm entwickeln können.

Denken Sie dabei auch an gemeinsame Fähigkeiten, die für die Teamarbeit nützlich sein können. Das reicht z. B. vom Projektmanagement bis zum Kundenservice und sollte auch die Teamarbeit selbst einschließen. Stellen Sie dann ein Programm für ein Jahr zusammen und achten Sie darauf, dass niemand länger als ein oder zwei Monate arbeitet, ohne an einer Fortbildung teilzunehmen. Dabei kann es sich um einen einwöchigen Kurs außer Haus oder auch nur um eine halbe Stunde Fortbildung am Arbeitsplatz handeln.

Die Abwechslung ist hier ganz wichtig, damit der Weiterbildungsprozess nicht einschläft und die Mitarbeiter ermuntert werden, nach immer neuen Methoden zu lernen. Firmeninterne Kurse gehen meistens stärker auf spezifische Produkt- oder Dienstleistungskenntnisse ein. Sie können dazu externe Kursleiter einladen oder auch Ihren eigenen Einkaufsleiter hinzuziehen, um z. B. einem Verkaufsteam wichtige Tipps geben zu lassen.

Externe Kurse eignen sich eher für die Aneignung allgemeiner Fähigkeiten wie Zeitmanagement oder die neue Steuergesetzgebung für Spezialisten. Mehrtägige Kurse mit Übernachtungen können den Teamgeist sehr fördern, da dann auch die Abende gemeinsam verbracht werden. Dadurch können auch neue Mitarbeiter ihre Kollegen im Team besser kennen lernen.

Es gibt eine Menge anderer Möglichkeiten, Ihre Mitarbeiter zu fördern, sei es durch gemeinsame Krisenplanung, Training am Arbeitsplatz, Arbeitsplatztausch, Videos und interaktiven Computerunterricht. Eine der besten Methoden, den Zusammenhalt des Teams zu fördern, sind Gruppenarbeiten (bzw. Qualitätszirkel), in denen analysiert wird, wie das Team noch effektiver arbeiten könnte. Hierzu können auch Kunden eingeladen werden, die die Arbeit des Teams qualifizieren können.

◼ Nach der Weiterbildung

Nach einigen Wochen sollte das Gelernte noch einmal aufgefrischt werden, um sicherzugehen, dass die Mitarbeiter auch alles verstanden haben und in der Praxis umsetzen können. Das kann im ganzen Team geschehen oder auch mit einzelnen Mitarbeitern, die vielleicht noch Schwierigkeiten mit dem Stoff oder seiner Umsetzung haben.

Wenn Sie das unterlassen, werden Sie nie erfahren, ob die Weiterbildung überhaupt etwas gebracht hat. Außerdem wird den Mitarbeitern so klar, dass Ihnen wirklich etwas daran liegt und dass das Erlernte auch wirklich angewendet werden soll. Anderenfalls entsteht der Eindruck, dass es Ihnen gleichgültig ist, ob dabei etwas herausgekommen ist oder nicht.

Es gibt Mitarbeiter, die Weiterbildungskurse ablehnen, weil sie nicht den Eindruck erwecken wollen, sie hätten es nötig. Ihr Team sollte allen Weiterbildungsmaßnahmen positiv gegenüberstehen: „Ich bin es der Firma wert, dass ich mir neue Fähigkeiten aneigne und dann mehr Verantwortung und neue Aufgaben übernehmen kann." Diese Einstellung lässt sich dem Team leicht vermitteln, nützt sich aber schnell ab, wenn sie den Mitarbeitern danach keine Gelegenheit geben, neue Verantwortung und neue Aufgaben zu übernehmen. Außerdem wurden dann die Ausgaben verschwendet. Mit Weiterbildung versprechen Sie Ihren Mitarbeitern gewissermaßen, dass ihr Beitrag zum Unternehmen an Wert gewinnt. Dieses Versprechen sollte man unbedingt einhalten.

WIE MOTIVIERT MAN EIN ERFOLGREICHES TEAM?

Dieses Thema wurde zu einem großen Teil bereits in Kapitel 2 behandelt. Es gibt allerdings ein paar Gesichtspunkte, die zu erinnern es wert sind, wenn Sie Ihr gut eingespieltes, erfolgreiches Team weiterhin motivieren wollen:

1. Die Hauptmotivationsfaktoren einzelner Mitarbeiter können sich im Laufe der Zeit ändern. Gehen Sie also nicht davon aus, dass das, was Ihre Mitarbeiter heute motiviert, sie auch morgen noch motivieren wird. Wenn ein Mitarbeiter z. B. zunächst großen Wert auf Sicherheit legt, nach einer

gewissen Zeit aber genug angespart hat und sich abgesichert fühlt, dann werden wahrscheinlich neue Verantwortungsbereiche und Herausforderungen an Bedeutung gewinnen. Ein anderer Mitarbeiter, der bisher nur seine Karriere im Sinn hatte, gründet eine Familie: Ein sicheres Einkommen und Zeit für die Familie werden für ihn nun wichtiger.

2. Wenn alles reibungslos verläuft, besteht immer die Gefahr, dass einige oder gar alle Mitarbeiter sich zu langweilen beginnen und sich unterfordert fühlen. Um dies zu vermeiden, können Sie Folgendes initiieren:

◆ Gründen Sie Projektteams in immer neuen Zusammensetzungen. Denken Sie dabei an die in Kapitel 1 genannten Leitlinien für die Teamrollen und versuchen Sie, interessante Gruppen zusammenzustellen, in denen sich die Mitarbeiter gegenseitig zu produktiver und kreativer Arbeit inspirieren. Experimentieren Sie ruhig im Interesse des Teams und der einzelnen Mitarbeiter. Neue Zusammensetzungen und Arbeitsgruppen fördern zudem den Teamgeist, denn die Mitarbeiter lernen sich so immer besser kennen.

◆ Ermuntern Sie Ihre Mitarbeiter, ruhig einmal die Arbeitsplätze zu tauschen und sich gegenseitig einzuarbeiten. So wird jeder gefordert und bleibt interessiert und im Vertretungsfall kann immer jemand einspringen. Außerdem kommen auf diese Weise neue Stärken und Fähigkeiten zu Tage, von denen man vorher nichts ahnte.

◆ Lassen Sie Ihre Mitarbeiter Führungsqualitäten üben. Schließlich müssen Sie Nachfolger heranbilden und Ihre Mitarbeiter sollten wissen, dass sie sich damit auf zukünftige Führungsrollen vorbereiten. Lassen Sie die Mitarbeiter z. B. reihum die Team-Meetings – allerdings nicht das monatliche Briefing, das bleibt Ihre Aufgabe –, Projekte oder Kurse leiten.

Achten Sie auf Möglichkeiten einzelnen Mitarbeitern mehr Verantwortung zu übertragen, damit sie nicht abstumpfen. Selbst diejenigen Mitarbeiter, für die Verantwortung kein Hauptmotivationsfaktor ist, schätzen die damit verbundene Anerkennung und Wertschätzung. Und je mehr Verantwortung Ihre Mitarbeiter übernehmen können, desto wertvoller werden sie für Ihr Team.

KONFLIKTE VERMEIDEN

Man könnte erwarten, dass es keine Probleme mehr gibt, sobald alle persönlichen Konflikte innerhalb eines Teams aufgearbeitet wurden und man zu einer einvernehmlichen Zusammenarbeit gefunden hat. Das ist jedoch ein Irrtum. Wenn Sie neue Zusammensetzungen im Team fördern, dann können auch neue menschliche Konflikte zwischen den Mitarbeitern entstehen, die vorher nicht viel miteinander zu tun hatten und nun enger zusammen arbeiten müssen.

Weiterer Konfliktstoff in einem starken Team kann darin liegen, dass die Menschen sich möglicherweise verändern. Wenn man Mitarbeitern neue Rollen und Verantwortungen überträgt, dann verändert sich vielleicht ihr Verhalten. Hauptursache dafür ist meistens Unsicherheit. Wenn jemand sich in der ihm übertragenen Verantwortung unsicher fühlt, dann benimmt er sich vielleicht plötzlich ziemlich exzentrisch oder auch diktatorisch in seiner neuen Rolle. Der Mitarbeiter hat Angst seine Verletzlichkeit zu zeigen und damit den Eindruck zu erwecken, er wäre der neuen Aufgabe nicht gewachsen.

In diesem Fall müssen Sie mit dem Mitarbeiter ein Gespräch führen und ihm den Rücken stärken. Erinnern Sie ihn allerdings auch daran, dass es nun zu seiner Aufgabe gehört, eine positive und entspannte Atmosphäre zwischen den Kollegen zu schaffen.

BEFÖRDERUNG DES GESAMTEN TEAMS

Eine Beförderung scheint nur etwas mit Einzelnen zu tun zu haben. Es macht jedoch oft Sinn, auch ein ganzes Team zu befördern. Man würde ja auch einen Mitarbeiter nicht „teilweise" befördern: „Wir machen Sie in Meetings und im Umgang mit Menschen zum Manager, weil Sie dies besonders gut können. Allerdings bleiben Sie in der EDV-Abteilung ein gewöhnlicher Operator. Da brauchen Sie noch etwas mehr Erfahrung." Beim Menschen gehört immer alles zusammen: Mitarbeiter werden auf den Gebieten ausgebildet, in denen sie es benötigen, und erst, wenn die Zeit reif dazu ist, werden sie befördert und mit neuer Verantwortung betraut.

Auch ein gutes Team bildet eine Einheit und wenn man erst einmal so viel in seine Ausbildung investiert hat, wäre es unsinnig, das Team wieder aufzulösen. Wenn Ihr Team an einem Punkt angelangt ist, an dem Ihrer Meinung nach alle Mitarbeiter und auch das Team als Ganzes eine Beförderung verdienen, dann stehen Ihnen verschiedene Möglichkeiten zur Auswahl:

◆ das Gehalt jedes einzelnen Mitarbeiters im Team erhöhen
◆ den Titel jedes einzelnen Mitarbeiters aufwerten
◆ den Arbeitsbereich des gesamten Teams aufwerten, z. B. durch eine Beförderung des „Verkaufsteams" zum „Team für Kundenbetreuung".

Dies trägt wesentlich mehr zum Zusammenhalt des Teams bei als individuelle Gehaltserhöhungen und Beförderungen, denn es entsteht keine Eifersucht und keine Rivalität zwischen den einzelnen Mitarbeitern und jeder erkennt auch den Beitrag des anderen an. Das stärkt wiederum den Zusammenhalt für die Zukunft.

Langfristig gesehen sollte mit einer Beförderung auch die Übernahme neuer Verantwortung verbunden sein. Denn Sie werden nur das Beste aus Ihren Mitarbeitern herausholen, wenn Sie sie auch vor neue Herausforderungen stellen. Ergibt sich die Gelegenheit, dann befördern Sie Ihr Team auf eine höhere Ebene innerhalb des Unternehmens:

◆ Ein Projektteam kann ein wichtigeres und prestigeträchtigeres Projekt übernehmen.
◆ Ihr Verkaufsteam kann z. B. die Verantwortung für den Kundendienst übernehmen und Kundenumfragen, die Weiterbildung anderer Abteilungen im Kundenkontakt, Ausstellungs- und Messeplanung mit Standbetreuung organisieren.
◆ Wenn das Team an den eigenen Erfolg oder mit der Übernahme neuer Verantwortung „wächst", müssen oft neue Mitarbeiter hinzugenommen werden. Das ist Ihre Gelegenheit das Team und auch seine Mitglieder individuell zu befördern. Falls ein Team zur doppelten Größe anwächst, sollten Sie es in zwei oder mehr „Teams" im Team aufteilen. Dann können Mitarbeiter als Leiter dieser neuen Teams eingesetzt werden, die Sie vorher auf diese Rolle vorbereitet haben.

*E*RWEITERUNG DES TEAMS

Die Probleme einer Zusammenlegung zweier Teams und der Auswahlprozess wurden bereits in Kapitel 5 und 6 behandelt. Hier noch einige weitere Punkte, die zu beachten sind, wenn Sie das Team vergrößern:

1. Konzentrieren Sie sich auf die in Kapitel 1 charakterisierten Teamrollen. Es kann einem Team irreparablen Schaden zufügen, wenn plötzlich Menschen hinzukommen, die nicht in das Team passen, selbst wenn sie alle notwendigen fachlichen Qualifikationen mitbringen. Je besser Sie Ihr Team und die Beziehungen der Kollegen untereinander kennen, desto mehr Anhaltspunkte haben Sie für die Auswahl. Sie stellen z. B. fest, dass Herr Fuchs und Frau Münch in der Gruppe gut miteinander auskommen, dass es jedoch Spannungen gibt, wenn die beiden sehr eng zusammen arbeiten müssen, denn beide übernehmen die gleichen Rollen. Suchen Sie deshalb immer nach Kollegen, die diese Mitarbeiter ideal ergänzen.

2. Beziehen Sie die Mitarbeiter bei der Auswahl neuer Kollegen immer ein. Was für eine Persönlichkeit wird für welche Stelle und mit welchen Eigenschaften gebraucht (siehe auch Kapitel 6)? Damit sollten Probleme bei der Integration der neuen Mitarbeiter von vornherein ausgeschaltet sein. Das bestehende Team muss die neuen Mitarbeiter freundlich aufnehmen, denn es hat sie ja auch selbst ausgewählt.

Falls Ihr Team auf mehr als acht bis zehn Leute anwächst, sollten Sie es teilen, denn wer in einer zu großen Gruppe arbeitet, dessen Einzelbeitrag zum Erfolg wird geringer und damit sinkt auch seine Motivation. Wie bereits erwähnt, können Sie ein großes Team in drei oder vier neue Teams aufteilen. Dabei bleibt zu entscheiden, ob die kleinen Teams getrennt voneinander oder als Unterabteilungen eines großen Teams arbeiten sollen:

1. Sie sollten das Team in voneinander unabhängige Teams teilen, wenn sehr viele Mitarbeiter dazugehören, die Verantwortungsbereiche sehr unterschiedlich sind oder weil sie räumlich weit entfernt voneinander arbeiten. Dann müssen Sie sehr genau darauf achten, wer in welches Team kommt:

   ◆ Es ist empfehlenswert, das ursprüngliche Team zu erhalten und ein völlig neues zusätzliches Team aufzubauen.

169

◆ Falls es innerhalb des alten Teams noch zu Spannungen zwischen einzelnen Mitarbeitern kommt, ist nun eine gute Gelegenheit, Mitarbeiter voneinander zu trennen, die nicht so gut miteinander auskommen.

◆ Möglicherweise haben viele Mitarbeiter eine Beförderung verdient. Wenn Sie bei der Versetzung in ein anderes Team Einzelne befördern möchten, dann achten Sie darauf, dass die Zusammensetzungen nach wie vor stimmen. Falls Herr Stein und Herr Kraft die besten Ideen immer gemeinsam entwickeln – viel besser, als sie dies einzeln könnten –, dann sollten Sie es sich zweimal überlegen, ob Sie sie trennen. Achten Sie aber auch auf Überschneidungen: Wenn Sie in einem Team zwei gute Teamarbeiter haben, dann können Sie einen an das neue Team abgeben.

❷ Möglicherweise möchten Sie auch das alte Team behalten, obwohl noch neue Mitarbeiter hinzukommen. Wenn eine gewisse Größe jedoch überschritten ist, wird es viel schwerer, den Teamgeist zu erhalten. Zu viele Kollegen haben nicht mehr die Gelegenheit sich näher kennen zu lernen. Hier einige Tipps:

◆ Achten Sie darauf, dass die zwei oder mehr Gruppen im Team nicht zu weit entfernt voneinander arbeiten. Es macht viel aus, wenn man sich am Kopiergerät oder an der Kaffeemaschine kurz treffen kann und sich vielleicht auf ein Bier nach Feierabend verabredet. Der soziale Aspekt des Teamzusammenhaltes ist äußerst wichtig.

◆ Organisieren Sie möglichst viele gemeinsame Aktionen. Natürlich trifft sich das gesamte Team einmal im Monat zum Briefing, aber die Gruppen sollten auch bei Weiterbildungen, Messen, internen Feiern möglichst alle zusammenkommen.

◆ Behandeln Sie das Team als eine Einheit, wenn es um Belohnungen und Anerkennungen geht, auch wenn nur einigen Mitarbeitern der Erfolg zuzuschreiben ist. Achten Sie darauf, dass jeder das Gefühl hat, indirekt am Erfolg beteiligt gewesen zu sein, indem er z. B. Unterstützung angeboten hat und den anderen Kollegen den Rücken freihielt.

◆ Achten Sie darauf, dass jede Gruppe genau weiß, woran die jeweils anderen Gruppen im Team arbeiten. Es sollte für jedes Gruppenmitglied möglich sein, auch die Aufgaben der anderen Gruppe zu übernehmen.

◆ Wenn es sich einrichten lässt – und das ist eigentlich meistens der Fall –, dann kann das Team aus verschiedenen Gruppen bestehen und die Mitarbeiter können wiederum mehreren Gruppen angehören. Herr

Brauns kann z. B. Mitglied der Präsentationsgruppe sein, gemeinsam mit Frau Link, Herrn Wilhelm und Frau Bauer. Da ihn dies aber nicht voll auslasten würde, arbeitet Herr Brauns die übrige Zeit in der Gruppe Kundeninformation und bearbeitet Umfragen, analysiert Reklamationen gemeinsam mit Herrn Vogel und Frau Gold. Einige Mitarbeiter können in drei oder gar vier verschiedenen Gruppen eingesetzt sein. So werden die einzelnen Gruppen nicht zu groß und durch die Überschneidungen hat jeder das Gefühl, Teil eines vereinten Teams zu sein.

Denken Sie dabei an Folgendes:
- Es ist keine gute Idee, jeden Mitarbeiter in zu viele Gruppen einzubeziehen. Notwendigkeiten und Prioritäten können dann für den Mitarbeiter im Konflikt zueinander stehen. Aber es gibt durchaus Gruppen, die nur gelegentlich aktiv werden und deren Mitarbeiter vielleicht nur ein oder zwei Tage pro Monat dafür opfern müssen.
- Ihre Mitarbeiter müssen ganz genau wissen, wo ihre Prioritäten liegen. Was ist zu tun, wenn es in beiden Arbeitsgruppen eng wird? Stellen Sie sicher, dass jeder weiß, wo sein wichtigstes Arbeitsgebiet liegt und in welcher Folge die anderen Aufgaben folgen. Das klingt nach einem organisatorischen Albtraum, ist aber gar nichts verglichen mit der Erarbeitung eines Schulstundenplans. Mit etwas Überlegung lässt sich ein funktionierendes und für alle befriedigendes System erarbeiten. Das mag zwar recht verwirrend aussehen, aber jeder Mitarbeiter wird darin seine zwei oder drei Hauptaufgaben wiederfinden.
- Ein großer Vorteil dieses Systems liegt darin, dass Mitarbeiter, die sich vielleicht in einer Teamrolle, auf einem bestimmten Arbeitsgebiet oder mit bestimmten Kollegen nicht besonders wohl fühlen, nicht ständig damit zu tun haben. Das hilft bestimmte Konflikte auf einem erträglichen Niveau zu halten.
- Vorteilhaft ist auch, dass Sie bei verschiedenen Gruppen im Team auch mehrere Gruppenleiter haben. Für die Gruppenleiter ist das eine Herausforderung und eine Verantwortung und gleichzeitig können sie sich Führungsqualitäten aneignen, die Sie bei der Neubesetzung eines Erfolgsteams nutzen können. Geben Sie so vielen Mitarbeitern wie möglich die Chance, einmal eine Gruppe zu leiten. So kann jeder seine Fähigkeiten weiterentwickeln und Hierarchien werden abgebaut.

171

Zusammenfassung

Jedes Teammitglied hat ein Anrecht darauf, individuell weitergebildet zu werden. Dazu müssen Sie einen Weiterbildungsplan für jeden Mitarbeiter erstellen. Durch gemeinsame Veranstaltungen stärken Sie den Teamzusammenhalt. Damit der Aufwand für Weiterbildung nicht vergeudet ist, muss das Gelernte auch umzusetzen sein und umgesetzt werden. Finden Sie neue Herausforderungen, damit das Team oder einzelne Kollegen motiviert bleiben und neues Wissen oder neue Fähigkeiten angewendet werden können.

Ein Erfolgsteam wird nur erfolgreich bleiben, wenn die Mitarbeiter für ihre gute Arbeit belohnt werden. Individuell können Sie einzelne Kollegen belohnen, wenn Sie ihnen Führungsaufgaben in kleineren Arbeitsgruppen geben. Achten Sie bei der Erweiterung oder Neustrukturierung Ihres Teams auf die Teamrollen. Mehrere Arbeitsgruppen, die aus verschiedenen Teammitgliedern zusammengesetzt werden, machen die Arbeit im Team spannend.

Register

173

Im FALKEN Verlag sind zahlreiche Titel zu den Themen Bewerbung/Beruf/Karriere erschienen. Überall erhältlich, wo es Bücher gibt.

Der Text dieses Buches entspricht den Regeln der neuen deutschen Rechtschreibung.

Dieses Buch wurde auf chlorfrei gebleichtem und säurefreiem Papier gedruckt.

ISBN 3 8068 7361 5

© der deutschen Ausgabe 1998 by FALKEN Verlag, 65527 Niedernhausen/Ts.
© der Originalausgabe „Build a Great Team!" 1995 by Ros Jay. Published by arrangement with Pitman Publishing, a division of Pearson Professional Limited, London.

Umschlaggestaltung: Peter Udo Pinzer
Foto: Tony Stone, München (Walter Hodges)
Lay-out: Klaus Ohl, Wiesbaden
Redaktion: Dr. Rainer Lorenz, Kassel
Koordination und Schlussredaktion: Dr. Petra Begemann
Herstellung: Wilfried Sindt

Satz: Raasch & Partner GmbH, Neu-Isenburg
Druck: Offizin Andersen Nexö Leipzig
ein Betrieb der INTERDRUCK Graphischer Großbetrieb GmbH, Leipzig

817 2635 4453 6271